Perlas de Sabiduría

Un devocional

60 días
descubriendo verdades
en la Palabra de Dios

Diana Baker

CATEGORÍA: Vi da Cristiana/Devocionales

Impreso en los Estados Unidos de América

ISBN-13:97815327715231
ISBN-10:1532771525

ÍNDICE

INTRODUCCIÓN

Nuestro maravilloso Dios no se revela a cualquiera - aunque sí anhela ser hallado por todos. Dios se 'esconde' para provocar una búsqueda de parte de nosotros, y así logar un encuentro emocionante. Ese hallazgo produce en nosotros una gran exaltación, porque es como encontrar un 'tesoro perdido' o una 'perla de gran precio', lo cual no es poca cosa, sino que además, ¡es tuyo!

Una perla que se produce en el mar tiene un valor muy alto. Ha comenzado por ser un diminuto grano de arena para luego convertirse en algo muy bello que muchos buscan y codician. Este proceso ha llevado su tiempo: ¡puede ser hasta 10 años! Por esa razón una perla genuina es un objeto muy costoso, y encontrarla es un verdadero triunfo.

En la Biblia también podemos hallar 'tesoros' como las perlas, ya que se nos permite descubrir verdades y principios bíblicos sobre nuestro Padre, sobre nuestro Salvador y sobre el Espíritu Santo, como también sobre la vida y la eternidad.

Leemos que "si buscamos, encontraremos" y hay muchas verdades o principios espirituales 'escondidos', así como las perlas, esperando ser encontradas por aquellos que realmente quieren saber más. Sólo es necesario desear encontrar – eso es la búsqueda: un intenso deseo de encontrar algo nuevo sobre nuestro Creador. Y puedes estar seguro que se cumple Su palabra que dice que el que busca, encuentra.

Espero que al descubrir estas 'perlas' conmigo sea para motivarte en tu propia búsqueda en un mayor conocimiento de tu amoroso Padre celestial, ¡sin igual!

DIOS

Día 1

Un Dios celoso

Deuteronomio 4:24

"Porque el Señor tu Dios es fuego consumidor, un Dios celoso."

Sí, Dios es celoso – pero, sin pecar – como un padre que cela sus hijos porque no quiere que el mal les toque, y también como un esposo que no permite un tercero en esa relación tan estrecha. Dios exige ser el primero en nuestras vidas. Exige ser antes que tu cónyuge, antes que tus hijos, antes que tu amor, antes de todo.

El segundo lugar no le va – será el primero o...nada de importancia.

Puedes pensar que esto no te conviene. Sí, es un precio alto pero también es la manera que puedas vivir tu vida plenamente y mejor. Parece difícil pero a la larga es más fácil. Porque cuando Él es primero, Él se encarga de todo y tú no tienes que estresarte ni preocuparte por nada porque Él abre un camino en tu vida y lo hace de la mejor manera.

De manera que ponerlo a Dios en primer lugar, fuera de ser un carga es un alivio y una alegría y un descanso porque uno puede estar confiadamente, sabiendo que Él se encarga de absolutamente todas las cosas y nos da siempre lo mejor y lo que más nos conviene. Además, le estamos dando permiso para que Él use nuestra vida como Él desea y Sus planes siempre son maravillosos y más allá de lo que jamás pudiéramos soñar.

Cuando Él ocupa el primer lugar, le permitimos moldearnos y cambiarnos y siempre el resultado es algo grandioso. Nos da poder para ser mucho más de lo pudiéramos imaginar. Recuerda cómo transformó la vida de unos simples pescadores. Dios jamás es autor de fracasos. Cuando le permitimos tomar el control de nuestra vida Él la lleva de triunfo en triunfo – siempre, sin lugar a duda. Lo que hace Dios, lo hace bien, siempre, y lo hace bien para todos. Tú no eres la excepción y si le permites tomar el primer lugar en tu vida, verás los grandes milagros que Él realizará.

Día 2

Trinidad

Una madrugada me había despertado temprano y aún en la cama, meditando, sentí que el Señor me decía: "¿Por qué describen la Trinidad como un triángulo? - ¡es un círculo!"

Claro, por supuesto, pensé.

En un triángulo tenemos tres lados de una figura y cada lado es diferente y no se une con ningún otro lado. Pero en un círculo no hay separaciones ni divisiones porque todo es una sola cosa. No se sabe dónde comienza uno ni donde termina. Así es cómo el Señor describe la Trinidad. Nuestro Dios es uno pero también son tres Personas. Nuestra mente finita no puede entenderlo y no tratemos de entenderlo.

El círculo es Su forma de describir la Trinidad. Las tres Personas de Dios son distintas y cada uno tiene una función completamente diferente. El Padre no es el Hijo ni tampoco son ellos el Espíritu Santo. Pero a la vez estas Personas se funden como uno solo de manera que cada uno es Dios 100% y no puedes distinguir donde comienza uno y termina el otro.

Sería una presunción arrogante intentar explicar la trinidad de un Dios tan grande que sabe lo que cada persona en el mundo está pensando, que está no sólo en el presente sino que está en el pasado y en el futuro; absolutamente nada se le escapa.

Las tres Personas de la Trinidad son Uno sólo, pero a la

vez son diferentes y separados aunque no existe competencia entre ellos. Hablar con una Persona es involucrar los demás, aunque les place que se dirija a ellos por separado. Todo esto se acepta por fe y a medida que tu intimidad con el Señor crece, así también la aumenta comprensión de lo que no se puede entender. Él se da a conocer en lo más íntimo de tu ser.

El círculo también denota movimiento, porque igual que una pelota, al ser redonda no tiene estabilidad y roda fácilmente. Dios está en movimiento continuo porque continuamente está trabajando y creando algo nuevo.

Día 3
Una batalla tumultuosa con panderos y cuerdas

Isaías 30:30-32

"Y Jehová hará oír su potente voz, y hará ver el descenso de su brazo, con furor de rostro y llama de fuego consumidor, con torbellino, tempestad y piedra de granizo. Porque Asiria que hirió con vara, con la voz de Jehová será quebrantada. Y cada golpe de la vara justiciera que asiente Jehová sobre él, será con panderos y con arpas; y en batalla tumultuosa peleará contra ellos."

El Señor hace justicia sobre el enemigo y nuestra parte es usar el pandero y el arpa (instrumento de cuerda, la guitarra) a tal fin.

No parece lógico que podamos pelear y ganar batallas con instrumentos musicales pero en verdad hay gran poder en la música.....un gran hombre de Dios dijo que él que canta está orando dos veces. No es el pandero ni la guitarra en sí, sino mi fe, que al usar estos instrumentos, Dios los usa para lograr Sus propósitos - y Su Palabra, en este versículo, lo confirma de que es así. (En II Crónicas 20 leerás otro ejemplo de cómo Dios usó los músicos para ganar una gran batalla).

¿Acaso el pandero no se originó en el mismo corazón de Dios, ya que Ezequiel nos dice que Él hizo el pandero (tamboril) el día que creó al *"querubín grande, protector"*? (Ezequiel 28:13-15). Así que no desestimes el poder de este instrumento pequeño en tamaño pero grande en poder espiritual. Úsalo sabiendo de que logras grandes cosas en las esferas espirituales y haces huir al enemigo... esas cintas bonitas le pegan fuerte al enemigo y huye porque tu fe le resiste.

Que Dios aumente tu fe para ser un poderoso guerrero o guerrera en Su ejército de fieles.

Día 4
Dios grande y temible

Sería bueno que leyeras todo el capítulo de Isaías 30. Habla de los que dan la espalda a Dios. Habla de la ira de Dios sobre Sus enemigos en palabras muy descriptivas:

v.27 *"He aquí el nombre de Jehová viene de lejos; su rostro encendido, y con llamas de fuego devorador; sus labios llenos de ira, y su lengua como fuego que consume."*

v. 30 *"Y el Señor hará oír su majestuosa voz y descargará su potente brazo sobre sus enemigos con gran indignación, con llamas consumidoras, torbellinos, tremendas tormentas e inmensos granizos."*

En Éxodo capítulos 19 y 20 leemos algo parecido cuando Dios se manifiesta a Moisés en el monte Sinaí. El pueblo no quería acercarse porque el estruendo, los relámpagos, el gran ruido, el humo, les producía terror y temían morir. El pueblo no lo soportó y le rogaron a Moisés que subiera el monte solo. No se animaron a enfrentarse con Dios.

La justicia y la santidad de Dios nos causan temor porque no lo podemos soportar. Él es tan supremo, y Su justicia y Su santidad nos hacen resaltar nuestro pecado con el cual no hay punto de unión – no podemos acercarnos a un Dios justo y santo. Su justicia y Su santidad nos fulminan.

Hebreos 10:31 dice que *"¡Horrenda cosa es caer en manos del Dios vivo!"*

Pero para aquellos que le aman, ¡Él es PAPÁ!

¡Qué contraste inmensurable! Dios tan grande y temible es mi *'abba'*, mi papito <u>cercano</u>, que está conmigo y en mí todos los días de mi vida.

Día 5

¿Por qué Dios está lejos?

Creo que todos, en algún momento hemos sentido que Dios está lejos, escondido, encubierto y sentimos que no se le puede acercar o conocer. A veces este período de nuestra vida se llama un desierto. Nos preocupamos porque, sin saber por qué, dejamos de sentir la presencia de Dios y buscamos alguna razón de ello.

Uno de los propósitos por el cual el Señor permite ese tiempo de desierto es para que insistamos en buscar a Dios. Le agrada a Dios ver nuestra insistencia y perseverancia a pesar de no ver o sentir nada. Le agrada a Dios ver que Él es tan importante para nosotros que no claudicaremos hasta que nuevamente Él nos regale Su Presencia.

Leemos en Isaías 45:15

"Verdaderamente tú eres Dios que te encubres, Dios de Israel, que salvas".

Sí, es verdad que se oculta pero también es verdad que Él desea ser hallado.

Deuteronomio 29:29 dice:

"Hay cosas que no sabemos: ésas pertenecen al Señor nuestro Dios; pero hay cosas que nos han sido reveladas a nosotros y a nuestros hijos para que las cumplamos siempre: todos los mandamientos de esta ley."(DHH)

Nosotros vivimos en un tiempo de constantes cambios

rápidos y queremos que todo sea instantáneo. Por lo general Dios obra al revés. Él no tiene prisa y toma su tiempo para lograr Sus propósitos. Si miras los grandes personajes de la Biblia comprobarás que desde que una persona es llamada para realizar una tarea y hasta el cumplimiento pasa bastante tiempo, y hasta años. Moisés estuvo 40 años esperando el tiempo propicio y David fue ungido rey mucho antes que pudiera llevar la corona.

Si Dios se oculta es con un propósito. Hay algo que Él desea lograr en nuestro ser íntimo en ese tiempo de espera. Él nos da el honor de ir en busca de Él. En esa búsqueda lo vamos conociendo hasta que por fin podemos decir: ¡lo he hallado!

Proverbios 25:2

"Gloria de Dios es encubrir un asunto; pero <u>honra del rey es escudriñarlo</u>."

Dios se encubre para ser hallado. ¿Te acuerdas cuando de niño jugabas a las escondidas? Era un alboroto esconderse pero que festín cuando te hallaban. ¡Qué algarabía!

Cuando has ido en busca de Dios y no ha sido fácil encontrarlo, te ha costado, has derramado lágrimas porque todo parecía inútil y casi claudicas...pero cuando lo encuentras y Él se revela...es como encontrar un tesoro, es como encontrar una perla de gran precio y no lo soltarás por nada y nadie te puede quitar esa experiencia única – es tuya y de nadie más.

Dios se esconde porque le encanta ser hallado. Le encanta ser deseado. Le encanta ver que Sus hijos le buscan y le desean y reflejan Su mismo deseo de intimidad con nosotros.

Para aquellos que no les interesa, Dios está encubierto y lejos, pero para aquellos que desean deleitarse en Dios Él les premia y se revela cada día más.

Día 6
El gozo del Padre

Sofonías 3:17

"Jehová está en medio de ti, poderoso, él salvará; se gozará sobre ti con alegría, callará de amor, se regocijará sobre ti con cánticos."

Este es uno de mis versículos preferidos porque me ha enseñado mucho acerca de mi Dios:

- Mi Dios está conmigo, siempre, pase lo que pase.

- Mi Dios es poderoso; yo tengo la victoria siempre en Él; no hay por qué sucumbir a la derrota.

- Mi Dios me salva. Me ha dado la vida eterna pero me da la salida para todos mis problemas cotidianos.

- Mi Dios se goza sobre mí. ¡Yo le doy placer! Le hago sonreír, le traigo una sonrisa a sus labios y se alegra por mí.

- Mi Dios me ama tanto que las palabras no alcanzan. Es un Padre orgulloso de Su hijo, sonriéndole de puro amor. No hacen faltan las palabras – ya la expresión de Su rostro lo dice todo.

- Mi Dios me canta. ¡Me canta a mí! Y está tan gozoso por mí que salta de alegría y remolinea y danza – todo para mostrar y expresar Su gozo por mí. Dios canta, y me canta a mí. Dios danza, y danza a mí alrededor, danza por mí.

Día 7
Mi Dios danza

Sofonías 3:16, 17

"Aquel día le dirán a Jerusalén: «No temas, Sión, ni te desanimes, porque el Señor tu Dios está en medio de ti como guerrero victorioso. Se deleitará en ti con gozo, te renovará con su amor, se <u>alegrará</u> por ti con cantos."
(NBD)

La palabra *"alegrará"* en el hebreo original es *'guwl'* que significa remolinear, dar vueltas por una violenta emoción. Para ello hay que levantar los pies del suelo y se lo podría describir como una danza exagerada. La danza es la máxima expresión de gozo. Dios danza para expresar su inmenso gozo. ¡Eso es lo que Dios hace <u>por mí</u>! Me llena de asombro pensar que yo le significo tanto al Padre que salta de alegría y se regocija por mí - y por todo hijo de Dios; la Palabra lo dice y yo lo creo.

Me encanta pensar que a mi Padre le gusta cantar y danzar...porque a mí también. Y es porque Él fue quien puso en mí esos deseos...porque ¡primero le gustan a Él!

El canto y la danza originan en Dios, en el cielo. ¡Él es el mejor cantante y el mejor danzante! Porque ¡lo inventó Él!

¿Qué es lo que le da tanto gozo a Dios? En el contexto del pasaje de Sofonías se dirige a la *"hija de Sión"* y *"Jerusalén"*. Son dos términos que hacen referencia a Su pueblo: Israel.

Pero en la eternidad de Dios se refiere a mí y a cualquier hijo de Dios, nuestro "Rey de Israel". Por lo tanto, ese pasaje se refiere a mí y a ti.

Día 8
Dios - hombre y mujer

Estaba meditando sobre la persona de Dios. Todo lo que crea está en Él. Él no puede crear algo que primero no es parte de Él.

"En él fueron creadas todas las cosas...todas las cosas en él subsisten." (Colosenses 1:15, 17)

Él dice de sí mismo que es Padre – figura masculina – y tiene un hijo – también figura masculina. Pero si Él ha creado la mujer, los atributos de la mujer también están en Dios. No quiero decir que Dios es una mujer. Quiero decir que Dios va más allá de todo lo creado – no podemos ni empezar a comprenderlo – y Él engloba todo lo que ha creado. Nada le sorprende porque lo entiende todo. Todo lo que es un hombre está en él y por lo tanto todo lo que sea una mujer está en Él porque Él la creó.

Tampoco quiero inferir que el Espíritu Santo es mujer pero creo que en alguna parte de la trinidad de Dios, que son tres personas completas en una sola persona completa - están no solamente todos los atributos masculinos sino también todos los femeninos.

Isaías 63:16; 64:8

"¡Tú eres nuestro padre! ... Señor, tú eres nuestro padre; nosotros somos el barro, tú nuestro alfarero; ¡todos fuimos hechos por ti mismo!" (DHH)

Isaías 66:13

"Como una <u>madre</u> consuela a su hijo, así los consolaré yo a ustedes, y encontrarán el consuelo en Jerusalén." (DHH)

Mateo 23:37

"¡Jerusalén, Jerusalén!... ¡Cuántas veces quise juntar a tus hijos, como la gallina junta sus pollitos bajo las alas, pero no quisiste!" (DHH)

Aquí Jesús se compara con la gallina – una figura femenina. Se compara con la figura femenina de la especie porque la gallina es madre y como madre quiere cuidar y proteger a sus polluelos.

Sin duda en el Espíritu Santo podemos ver algunos atributos de la mujer como la delicadeza, la sensibilidad, el cuidado y la protección de sus amados. Se nos advierte no ofender al Espíritu Santo lo que nos indica que Él puede ser ofendido. La ofensa es más una cualidad de la mujer más que del hombre. Sin duda hay mucho más que descubrir sobre este tema.

Mi nieta, Milena, de cuatro años hace poco me conversaba: "Dios es Padre y tiene un Hijo. ¿Dónde está la mamá?" Esa pregunta no se la pude contestar, pero a su tiempo sabremos. Por ahora creo que Dios no es machista. En la Trinidad habitan todos los atributos tanto del hombre como de la mujer porque Él creó a ambos. Pero por ahora no hacer falta saberlo; sólo es necesario recordar que Dios me conoce y entiende absolutamente todo acerca de mí porque Él me hizo, sea hombre o sea mujer.

Día 9
El Señor es mi bandera

Éxodo 17:8-16

"Los amalecitas salieron a pelear contra los israelitas. La batalla tuvo lugar en Refidim. Allí Moisés le dijo a Josué: «Elige a algunos hombres, y sal a pelear contra los amalecitas. Mañana yo estaré en lo alto del cerro, sosteniendo en la mano la vara que Dios me dio para castigar a los egipcios»."

Josué siguió las órdenes de Moisés y salió a pelear contra los amalecitas. Por su parte, Moisés, Aarón y Hur subieron a la parte más alta del cerro. Mientras Moisés levantaba el brazo, los israelitas les ganaban la batalla a los amalecitas, pero cuando lo bajaba, los amalecitas les ganaban a los israelitas. Y Moisés comenzó a cansarse de mantener su brazo en alto, así que Aarón y Hur le pusieron una piedra para que se sentara, y se colocaron uno a cada lado para sostener en alto los brazos de Moisés. Así lo hicieron hasta el atardecer, y de ese modo Josué pudo vencer a los amalecitas.

Más tarde, Dios le dijo a Moisés: *«Escribe en un libro todo lo ocurrido en esta batalla, para que nadie lo olvide. Y dile a Josué que yo haré que nadie vuelva a acordarse de los amalecitas»."*

Allí Moisés construyó un altar, y lo llamó «Dios es mi bandera», pues dijo:

"¡Tengo en la mano la bandera de nuestro Dios! ¡Dios les ha declarado la guerra a los amalecitas y a todos sus

descendientes!" (TLA)

La estrategia que Dios le dio a Moisés para ganar esta batalla fue subir a la cima de un cerro y levantar en alto su vara. Con la ayuda de Aarón y Hur pudo mantener en alto sus manos hasta que Josué terminó de vencer a los amalecitas.

También Dios le revela a Moisés un nuevo nombre de Sí mismo: Jehová-Nisi que significa "el Señor es mi bandera". Sí, el Señor es mi bandera.

La pregunta siguiente sería: ¿para qué necesito una bandera? Obviamente debe ser algo de gran significancia que Dios grande y poderoso diga de Sí mismo que es, no sólo una bandera, sino que es mi bandera.

Y este acontecimiento era tan importante que se nos aclara que Dios enfatizó que se debía anotar lo acontecido para que nadie se olvidara cómo fueron vencidos estos enemigos.

Cuando nuestro Padre nos dice que Él es nuestro Jehová-Nisi nos dice que Él es nuestra victoria; Él lucha por nosotros para darnos siempre la victoria en cualquier situación o circunstancia. En un ejército las banderas van delante. Así mismo, Dios va delante de nosotros en todo momento para pelear por nosotros y darnos la victoria. El Señor siempre tiene el triunfo.

Día 10

Jehová-Nisi

Dios se ha revelado a Sí mismo y Su carácter mediante Sus Nombres.

Podemos fácilmente identificarnos con Jehová-Jireh (Yireh): "El Señor proveerá" (que destaca la provisión de Dios para su pueblo, Génesis 22:14) o Jehová-Shalom: "El Señor es la paz" que señala el Señor como los medios de nuestra paz y el descanso (Jueces 6:24.).

Algunos Nombres son más personal, como los siguientes:

Jehová-Mekadesh: ". El Señor tu Santificador" retrata al Señor como nuestro medio de santificación o como el que aparta los creyentes para Sus propósitos (Éxodo 31:13.).

Jehová-Tsidkenu: ". El Señor nuestra Justicia" retrata al Señor como el medio de nuestra justicia (Jeremías 23: 6).

Jehová-Roi: ". El Señor mi pastor" retrata al Señor como el pastor que se preocupa por su pueblo como un pastor cuida de las ovejas de su rebaño (Salmo 23: 1).

Y también Jehová-Nisi: "El Señor es mi bandera". Destaca que Dios es nuestro punto de encuentro, nos reunimos en Él. También Él es quien nos consigue la victoria; el que lucha por Su pueblo (Éxodo 17:15).

Dios nos da la victoria contra el pecado y los deseos de la carne, y contra todas las asechanzas de nuestro enemigo, el diablo. Nuestras batallas son Sus batallas: la batalla constante de la luz contra las tinieblas y del bien contra el mal.

Recordemos que nuestro Dios es "varón de guerra" según Éxodo 15:3: *"Jehová es varón de guerra; Jehová es su nombre."*

Y así vemos que se llama a Sí mismo Jehová-Sabaoth: "El Señor de los ejércitos." Es una figura militar que retrata al Señor como el comandante de los ejércitos del cielo (1 Samuel 1: 3; 17:45.).

En las batallas siempre se verán banderas levantadas en alto. Dios es nuestra bandera, que se levanta en alto para vencer al enemigo y darnos la victoria.

Día 11
La vara de Dios

Éxodo 17:9

"...mañana yo estaré sobre la cumbre del collado, y la vara de Dios en mi mano."

Moisés tenía en su mano su vara (la vara que Dios le dio) pero Dios le hizo saber que era Dios mismo como bandera que se levantaba y daba la victoria segura.

Moisés veía una vara, un asta, pero Dios le hizo saber que era mucho más que eso. Dios le hizo saber que era por Su poder y Su presencia que se obtuvo la derrota del enemigo. Y Dios toma la forma de una bandera para demostrar Su excelente poder. Un objeto tan sencillo representa un poder tan grande.

Las banderas nos señalan a nosotros la victoria y al diablo le recuerda su derrota. Por eso el diablo no soporta ver flamear las banderas en las manos de un hijo de Dios – porque le recuerda que está vencido y no le queda mucho tiempo. Y nosotros las flameamos en victoria, en celebración y para exaltar a nuestro Dios único.

La vara en la mano de Dios también señalaba un hecho futuro: cuando Jesús, el Hijo único de Dios sería levantado sobre un asta, un madero, para obtener la victoria sobre el pecado. Así lo profetiza Isaías cuando dice en 11:10 que la *"raíz de Isaí"* se levantará como un estandarte para los pueblos. ¡Dios siempre es el Vencedor!

Día 12

Dios es mi Vencedor

"Y Josué deshizo a Amalec y a su pueblo a filo de espada. Y Jehová dijo a Moisés: ...di a Josué que raeré del todo la memoria de Amalec de debajo del cielo. Y Moisés...dijo: Por cuanto la mano de Amalec se levantó contra el trono de Jehová, Jehová tendrá guerra con Amalec de generación en generación." (Éxodo 17:13-16)

Ese día los amalecitas fueron vencidos. Amalec se rebeló contra Dios, y fue vencido pero la guerra contra Amalec es de *"generación en generación"* porque siempre se levanta un Amalec en contra de Dios, de la misma manera que Satanás se rebeló contra Dios.

Y Dios promete a Josué que *"raeré del todo la memoria de Amalec de debajo del cielo"* (versículo 14). Los amalecitas se levantarán contra Dios nuevamente como vemos en 1 Samuel 15:3; I Crónicas 4:43. Pero Dios promete que serán vencidos completamente.

Aquí vemos una figura de la lucha del cristiano contra su enemigo el diablo. Dios ya lo ha vencido y sabemos que su fin es la eterna perdición pero hasta que llegue ese día tenemos una lucha constante día tras día.

Dios ha levantado Su bandera y ha declarado la derrota completa del diablo pero nos toca lidiar con ese adversario cada día y demostrar que lo hemos vencido. Nunca debemos temer si estamos en obediencia a Dios porque Dios nos promete ir delante de nosotros para darnos el fin esperado y la salida a toda preocupació.

BANDERA

Día 13
Dios tiene una bandera

Cantares 2:4

"Me llevó a la casa del banquete, y su bandera sobre mí fue amor."

Como el título puede parecer algo extraño, analicemos el versículo y vayamos a su significado en el texto original.

En su contexto, es la doncella que habla de su amado, la novia que describe a su novio, o la Iglesia que se refiere a su Amado.

En el hebreo original, *casa de banquete* viene de una palabra que significa vino. La palabra original significa entrar en efervescencia. Se emplea 140 veces en la versión Reina Valera. Se traduce 138 veces como vino, una vez como casa de banquete y una vez como bebedor de vino.

El Amado me quiere llevar a un lugar bueno. La casa de banquete es lugar de fiesta, es lugar donde se come y se bebe bien y en una buena fiesta se espera que haya vino. Es lugar de festejo y alegría y celebración como en una boda. El Amado siempre me llevará a pastos verdes; no debo temer porque me guiará siempre por un camino recto y justo. También recuerda que se está preparando una gran cena en el cielo: la Cena de las bodas del Cordero (Apocalipsis 19:9), donde comeremos y beberemos en gran celebración y victoria.

La palabra hebrea para *bandera* en el original es 'degel', un sustantivo masculino, que significa bandera o estandarte.

En la versión Reina Valera la palabra 'degel' se emplea 14 veces. En trece ocasiones se traduce estandarte y en una ocasión, como bandera. Tanto la bandera como el estandarte son confeccionados de tela con un asta o palo. ¡Es obvio que *'bandera'* es una bandera! No significa otra cosa según el original.

¡El Amado tiene una bandera! Y levanta bandera sobre Su amada. ¿Por qué Dios levanta una bandera? Es una acción algo extraña para nosotros; ¿qué será su significado? Dios se revela a cada uno según su necesidad y un versículo puede tener diversos significados. Compartiré lo que yo entiendo de este versículo.

La bandera de Dios es levantada sobre mí. Una bandera siempre es levantada – ninguna bandera se deja a nivel del cuerpo porque así no cumpliría su función. La función de la bandera es ser visible e identificar al portador que lleva un mensaje. En algún evento importe de deportes se levantan banderas para identificar el país o equipo etc. del portador. La bandera es un medio de identificación y comunicación extraordinario porque las palabras no son necesarias...la bandera en sí aporta todo el mensaje.

El mensaje que lleva la bandera de Dios es el Amor. Dios levanta bandera de Amor sobre mí. Me cubre de Su amor; Su amor se extiende y se desborda sobre mí.

La Traducción en Lenguaje Actual lo traduce así:

"Mi amado me llevó a la sala de banquetes, y allí me cubrió de besos."

Qué hermosa es esa figura de Dios cubriéndome de besos – sean los besos de un Padre amoroso o los besos del

Novio Amado - es la expresión del perfecto amor que tiene por mí. ¡Soy amado/soy amada! ¡Ese es el mejor sentimiento del mundo!

Yo puedo refugiarme en Su amor a la vez que Él se pronuncia mi defensor y él que va delante de mí para darme la victoria y el buen fin esperado.

Día 14
¿De qué color es Su bandera?

Cantares 2:4

"...y su bandera sobre mí fue amor."

El Amado flamea Su bandera de amor sobre mí.

Le pregunté de qué color era Su bandera, más bien, ¿de qué color <u>es</u> Su bandera de amor?

Me respondió que es de los colores del arco iris.

Recordé Génesis 9:17

"Entonces Dios le dijo a Noé: «Este arco iris es la señal del pacto que yo confirmo con todas las criaturas de la tierra»."

Dios le confirmó a Noé que cada vez que viera el arco iris en el cielo le recordaría su pacto de amor para con él y todos los habitantes de la tierra. Las promesas de Dios son seguras y fieles. Dios no miente.

¡El amor de Dios se ve! Cada vez que vemos un arco iris vemos el amor de Dios – Su amor representado en los colores del arco iris.

Dios es un Dios de amor.

Día 15

Abrázame con Tu bandera

"Me llevó a la casa del banquete, y su bandera sobre mí fue amor." (Cantares 2:4)

Hace varios años en Córdoba, Argentina se compuso una hermosa canción inspirado por este versículo de las Escrituras. Que también tú te deleites con su letra.

Bandera de Amor

Quiero estar junto a Ti,
Sentir tu amor para mí.
Quiero estar junto a Ti,
Escuchar Tu voz en mi corazón.

Bajo la sombra del Deseado quiero estar
Y con Su dulce voz mi vida cambiar.
Le daré mi voz, le daré mi corazón;
Le adoraré con todo lo que soy.

Coro: Abrázame con tu bandera de Amor
Llévame a Tu santa Habitación
(junto a Ti).

Bajo la sombre del Deseado estoy
Y con Tu dulce voz, vida me dio.
Le daré mi voz, le daré mi corazón;
Le adoraré con todo lo que soy.

Andrés Reina

Día 16
Yo tengo una bandera

Cantares 2:4

"...y su bandera sobre mí fue amor."

Si mi Amado tiene un bandera, también se desprende de la lógica que yo también puedo tener una bandera.

Y en Salmo 60:4 leemos precisamente eso: *"Has dado a los que te temen bandera que alcen por causa de la verdad."*

Es verdad, Dios nos ha dado una bandera. Él se la da a todo aquel que le ama.

En Salmo 20:5 vemos que alzar bandera es una acción normal de celebración: *"Nosotros nos alegraremos en tu salvación, y alzaremos pendón (bandera) en el nombre de nuestro Dios."*

La versión Palabra de Dios para Todos lo traduce así:

"Cuando salgas victorioso, cantaremos llenos de alegría. Festejaremos con banderas en alto para celebrar lo que Dios hizo."

Los ganadores alzan bandera celebrando su triunfo. En muchos deportes se ve a los ganadores expresar su gozo por ganar levantando bandera de su equipo o país.

Nosotros levantamos bandera festejando la salvación que Jesús nos ha ganado, pagando un precio sin precedente. Expresémosle nuestra gratitud levantando en alto Su Nombre con banderas de celebración.

Nadie más que nuestro Salvador merece nuestra máxima expresión de gratitud.

Día 17

Mi bandera

Salmo 60:4

"Has dado a los que te temen bandera que alcen por causa de la verdad."

Dios ha dado una bandera a los que le temen que alcen por causa de la verdad. ¿Quiénes son los que le temen? Todos los que le aman...todos los que aman a Dios.

Entonces....todos los que aman a Dios ¡tienen una bandera! Dios ha dado una bandera a <u>todos</u> Sus hijos....no sólo a los que entienden de artes creativos, no solamente a las mujeres, sino a todos los hombres, todas las mujeres, todos los niños que son Sus hijos.

¡Tú tienes una bandera! ¿Cómo es tu bandera? ¿De qué color es tu bandera? ¿No lo sabes? Pues, pregúntaselo a Él, ya que Él te lo ha dado. Él sabe cómo quiere que sea. Y tal vez sean más de uno.

<u>Dios desea - y espera - que todos Sus hijos, sí, todos Sus hijos alcen bandera por causa de la Verdad, que es Jesucristo.</u>

¿Quién es la verdad? Jesús dijo: *"Yo soy la Verdad."* (Juan 14:6)

Cuando levantamos bandera estamos levantando a Jesús, estamos exaltándole, estamos honrándole y dándole la gloria a Él pues le pertenece. Esto es lo que Dios desea que haga cada uno de Sus hijos.

¿Dónde está tu bandera? ¿No la tienes? ¿Está escondida? ¿Te da vergüenza levantarla? Es hora de que levantemos a Jesús e hiramos al enemigo con nuestra bandera bien en alto.

Cuando nos encontramos sin una bandera de tela aún tenemos nuestras manos que podemos levantar en alto y que podemos usar como una bandera para traer gloria a nuestro Rey y gran Dios.

Tal vez te parezca una cosa insignificante pero Dios usa las cosas pequeñas – pequeñas para nosotros pero que en verdad son muy significativas para Él. ¿Acaso Él no fue específico hasta con el color de las cortinas e utensilios en el tabernáculo? Verás que todo tiene su medida justa, su color, su diseño. Las cosas 'pequeñas' tienen valor para Dios.

Levantar una bandera para Dios significa mucho – tiene gran significado e influencia y propósito. ¡Hasta en el cielo se flamean banderas! (Apocalipsis 7:9) Entonces, ¿no será importante que los levantemos aquí en la tierra?

Día 18

La hermosura de mi Amado

La palabra hebrea original *'degel'* (bandera) palabra viene del verbo *'dagal'*

La definición de *'dagal'* es:

1. Mirar, contemplar, visible
2. Llevar o levantar una bandera o estandarte

En la versión Reina Valera la palabra *'dagal'* se emplea 4 veces.
Tres veces se traduce como bandera:

- En Salmo 20:5
- En Cantar de los Cantares 6:4 y 6:10 (Hago comentario de estos versículos más adelante. Puedes volver a este comentario para hacer una comparación).

la cuarta vez, en Cantar de los Cantares 5:10 se traduce 'señalado'.

"Mi amado es blanco y rubio, señalado (dagal) entre diez mil."

Que notable que se use la palabra 'dagal', que se refiere a banderas, en la descripción de nuestro Señor. No es una casualidad...debe ser importante...debe valer la pena meditar sobre ello.

Podemos parafrasear el versículo: mi amado se distingue o se lo reconoce entre diez mil; o volviendo al original: mi amado es levantado como bandera para que sea visible y reconocido aunque hayan diez mil presentes.

Jesús, nuestro Amado, es sin igual, su hermosura no tiene comparación. En Su presencia nos derretimos de amor...no podemos menos que estar enfermo de amor por Él.

Cantares 5:8

"Yo os conjuro, oh doncellas de Jerusalén, si halláis a mi amado, que le hagáis saber que estoy enferma de amor."

Otra versión la traduce así: *"Mujeres de Jerusalén, si encuentran a mi amado, prométanme decirle que me estoy muriendo de amor."* (DHH)
En Cantares 5:16 la doncella, después de dar una detallada descripción de su Amada, concluye con las siguientes palabras: *"... él es deseable en todo sentido. Así es mi amante, mi amigo, oh mujeres de Jerusalén."* (NTV)

La versión Dios Habla Hoy lo traduce: *"¡Todo él es un encanto!"*

Que estas palabras sean nuestras también al pensar y hablar de nuestro amado Señor Jesucristo. Que podamos ver su hermosura como radiante, magnífica, inigualable. Que Su hermosura nos atraiga de tal manera que podamos decir que Él es verdaderamente deseable en todo sentido.

Día 19

Movimiento

Sabemos que Dios ha hecho este mundo y las galaxias que vemos. Los astrónomos saben que en el espacio todo está en movimiento, mientras va girando, igual que el planeta Tierra. También saben que el universo va más allá de lo que se ha visto hasta ahora.

Dios no es un Dios estático, no es pasivo. Dios está continuamente en movimiento y creando; siempre está activo. En Él, siempre hay algo nuevo. En Él no hay monotonía ni rutina. Le place la diversidad. Eso se ve claramente aquí en la tierra – entre los millones de personas que somos, no hay dos que sean idénticos.

Si pensaste que el cielo sería un lugar de mera alabanza al Padre estás equivocado. Cuando todos estemos reunidos en el cielo será el comienzo de algo muy, muy grande y allí conoceremos los planes de Dios que van más allá de lo que pudiéramos soñar.

Génesis 1:1, 2

"En el principio creó Dios los cielos y la tierra. Y la tierra estaba desordenada y vacía, y las tinieblas estaban sobre la faz del abismo, y el Espíritu de Dios se movía sobre la faz de las aguas."

La palabra mover tiene el significado de 'estar suspendido sobre' o 'empollar' o 'revolotear'.

Algo como estar suspendido sobre una expansión esperando lo que debe ocurrir. Hay una espera de tiempo.

En esa espera hay acción, hay movimiento. La palabra usada indica que algo está sucediendo y no es una espera inactiva. Porque en Dios hay actividad y movimiento continuamente.

Cierto día veía flamear una bandera grande en una reunión y pude 'ver' cómo el Espíritu Santo se movía en el movimiento de esa bandera. Esa fue la lección que aprendí aquel día: que el Espíritu Santo se mueve en el movimiento. Las banderas y estandartes son muy bonitos con sus colores brillantes pero si no se levantan y se flamean o se mecen, no sucede nada. Cuando accionamos su movimiento es que el Espíritu también se mueve con ellos. El Espíritu se mueve a medida que ponemos nuestra fe en movimiento por medio de lo que tenemos en las manos. Si entiendes esto, levantarás más a menudo tus manos y las agitarás como banderas para que el poder del Espíritu sea soltado en ese lugar.

Día 20
Jesús estará puesto por pendón

Isaías 11:10-12

"Acontecerá en aquel tiempo que la raíz de Isaí, la cual estará puesta por pendón a los pueblos, será buscada por las gentes; y su habitación será gloriosa."

Isaí fue el padre del rey David de cuyo linaje pertenece Jesús. *"Raíz de Isaí"* es una referencia a Jesús.

Jesús estará puesto por bandera (pendón) o estandarte a los pueblos. Por si piensas que la traducción es errónea la palabra pendón viene de la palabra hebrea *nec* que significa bandera, asta, y generalmente significa una señal. Figurativamente significa bandera, asta, estandarte.

Una bandera es una señal; lo llamativo de esta señal es que es levantada en alto para ser vista por todos. En batallas, las banderas señalaban donde se situaba cada ejército. Por lo tanto la bandera se alzaba para reunir a las tropas.

Jesús es puesto por bandera a los pueblos no sólo para ser visto sino también para atraer a todos hacia Él porque "será buscado por las gentes" y así reunirá a los Suyos.

Isaías 11:10 en la Nueva Traducción Viviente lo traduce de esta manera:

"En ese día, el heredero del trono de David será estandarte de salvación para el mundo entero. Levantará bandera en medio de las naciones y reunirá a los desterrados de Israel. Juntará al pueblo disperso de Judá desde los confines de la tierra."

Es interesante ver la figura de Jesucristo como bandera. Tal vez pensamos que una bandera es un instrumento tan insignificante pero la verdad es todo lo contrario. Dios usa las cosas más simples y sencillas para ejecutar grandiosos propósitos. A Dios le place usar lo que el mundo menosprecia para que sea evidente que ese asunto sólo se ha logrado por Su poder y no por mérito humano.

Cuando alabamos a Dios estamos levantando en alto Su Nombre y <u>todo lo que Él es</u> – y así Jesús es levantado en alto para ser admirado por todos y reunir a Su pueblo bajo Su cobertura.

La iglesia se describe en Cantar de los Cantares 6:4 y 10 como un ejército listo y formado y terrible (temible) por sus banderas flameando.

"¿Quién es ésta que se asoma...imponente como <u>escuadrones abanderados?</u>" Cantares 6:10 (LBLA)

Cada uno de nosotros es parte de ese ejército que causa temor al enemigo porque flamea la bandera de la Verdad y hace huir al enemigo.

Día 21
Jesús será levantado

Isaías 11:10-12

"Acontecerá en aquel tiempo que la raíz de Isaí, la cual estará puesta por pendón a los pueblos, será buscada por las gentes; y su habitación será gloriosa.

Asimismo acontecerá en aquel tiempo, que Jehová alzará otra vez su mano para recobrar el remanente de su pueblo...

Y levantará pendón a las naciones, y juntará los desterrados de Israel, y reunirá los esparcidos de Judá de los cuatro confines de la tierra."

Este capítulo de Isaías habla del Mesías y predice el reino mesiánico. Primero describe el carácter del Mesías (v. 1) y describe Sus cualidades sobrenaturales (v. 2). Continúa revelando los métodos de Su gobierno (vv. 3-5). Luego vemos el resultado – toda la tierra se goza por su redención (vv. 6-8), en la paz que reina y en el conocimiento del Señor (v. 9).

La profecía llega a un clímax con la promesa, en el versículo 10, de que el Señor reunirá, de las tierras cercanas y lejanas, a Su pueblo redimido, para llevarlos a la tierra de sus padres (vv. 10-12). El regreso será mediante una marcha triunfal por un *"camino para el remanente"* (v. 16)

La marcha se dirige hacia *"la raíz de Isaí"* (Jesucristo) quien es levantado como bandera (señal, pendón) como punto de referencia a todas las tribus y naciones.

Isaías 11:12 en otra versión lo traduce así:

"Levantará bandera en medio de las naciones y reunirá a los desterrados de Israel. Juntará al pueblo disperso de Judá desde los confines de la tierra." (NTV)

Recordemos el versículo de Juan. Jesús le explicaba a Nicodemo que era sería necesario que el Hijo del Hombre sea levantado (como bandera) para que sea visto por todos y así poder reunirlos a Él para que así, por fe, reciban la salvación.

Juan 3:14,15

"Y como Moisés levantó la serpiente en el desierto, así es necesario que el Hijo del Hombre sea levantado, para que todo aquel que en él cree, no se pierda, mas tenga vida eterna."

Moisés levantó la serpiente sobre un asta. Nuestro Salvador fue clavado sobre un asta; fue levantado como bandera levantada en alta y vista por todos.

Juan 12:32

"Y yo, si fuere levantado de la tierra, a todos atraeré a mí mismo."

Faltaba poco para que Jesús cumpliera Sus últimos días y la última parte de Su misión. Con aquellas palabras le dio a entender a la multitud *"de qué muerte iba a morir."* En Su muerte sería necesario ser levantado. ¿Por qué? Para atraer a todos a Sí mismo.

JESÚS

Día 22

El amor de Jesús

En Jesús vemos muchas figuras – Él es nuestro Salvador, es el primogénito, es nuestro hermano mayor porque, al ser nosotros también hijos de Dios, Jesús es nuestro hermano. También es nuestro amigo porque así los llamó a Sus discípulos (Juan 15:15). Y además, es nuestro amado porque nosotros somos la iglesia, y como tal somos la novia de Jesús y nos reuniremos en las Bodas del Cordero.

Jesús es nuestro hermano, nuestro amigo y nuestro amado. Pero el trato que uno tiene con un hermano no es el mismo trato que con el amigo y menos se asemeja al trato de un amado.

En el libro de Cantares podemos ver algo de este misterio.

En el capítulo 4 el esposo al principio le habla a su esposa como amiga.

4:1

"He aquí que tú eres hermosa, <u>amiga mía</u>."

4:7

"Toda tú eres hermosa, <u>amiga mía.</u>"

Sigue el novio, o esposo, hablando y ahora habla de ella, no como amiga sino como hermana y esposa. Esto es curioso por el trato, o el amor, de amigo que es diferente al amor de hermanos y al amor de esposos pero Él, Jesús, es los tres para nosotros: amigo, hermano y amado.

4:9

"Prendiste mi corazón, <u>hermana, esposa mía;</u>"

4:10

"¡Cuán hermosos son tus amores, <u>hermana, esposa mía!</u>"

4:12

Huerto cerrado eres, <u>hermana mía, esposa mía.</u>"

5:1

"Yo vine a mi huerto, oh <u>hermana, esposa mía.</u>"

El versículo siguiente es la respuesta de la esposa que escucha a su esposo o amada llamarla.

5:2

"Yo dormía, pero mi corazón velaba. Es la voz de mi amado que llama: Ábreme, <u>hermana mía, amiga mía, paloma mía, perfecta mía.</u>"

En el hebreo original la palabra española "paloma" se refiere al calorcito de apareamiento (el amor de esposos).

En el hebreo original la palabra española "perfecta" significa completa, unidos los dos, acoplados juntos (el amor de esposos).

¿Te diste cuenta que ahora en un sólo versículo no sólo tenemos una clase de amor sino que se ven los tres tipos de amores? El esposo la llama, *"hermana mía, amiga mía, paloma y perfecta mía"*. Esas tres clases de amor nos unen a Jesús, nuestro amado. Él es nuestro hermano, es nuestro amigo y es nuestro esposo.

En el cielo el amor se perfecciona – allí no hay diferentes clases de amor sino que el amor es único y perfecto sin distinción de ningún tipo. El amor perfecto de Jesús se brinda en su totalidad tanto al hombre como a la mujer porque en el cielo no hay distinción.

Día 23
Soy amado

Cantares 2:16

"Mi amado es mío, y yo suya;"

El sentimiento de ser una parte de la vida de otra persona, o de una familia, es un sentimiento maravilloso ya que da seguridad y sentido y propósito. En ese 'pertenecer' está involucrado el amor – el sentimiento más fuerte de todos.

Qué tranquilidad da saber que yo pertenezco a mi Amado y puedo también decir que Él es mío. Nada ni nadie nos puede separar. Nunca estaré solo. Es un lazo para toda la eternidad. La mente no alcanza a comprender que Dios, tan grande e inalcanzable, pueda desear ser uno con Su creatura.

Hay un pasaje que puede llegar a ser aún más intenso.

"Yo pertenezco a mi amado, ¡y él me desea! Cantares 7:10 (TLA)

Es casi impensable que no sólo me ha creado y quiere tener una relación conmigo sino que también me desea porque yo le gusto. Parece demasiado. Uno se siente tan inútil, tan imperfecto, hasta rechazado por otras personas pero, para el gran Dios, soy aceptable y amado y deseado y perfecto – como si fuese único y no hay nadie más como yo. El gran amor de nuestro Señor para con nosotros va más allá de toda comprensión. ¿Quién como Él, tan lleno de Amor?

Día 24
Alzar los ojos y ser salvos

Juan 3:14,15

"Y como Moisés levantó la serpiente en el desierto, así es necesario que el Hijo del Hombre sea levantado, para que todo aquel que en él cree, no se pierda, mas tenga vida eterna."

Estos versículos, que son parte de la conversación de Jesús con Nicodemo, nos llevan a un suceso que ocurrió en el desierto cuando Moisés trasladaba al pueblo de Israel desde Egipto hasta la tierra prometida.

Números 21:4-9

"Luego el pueblo de Israel salió del monte Hor y tomó el camino hacia el mar Rojo para bordear la tierra de Edom; pero el pueblo se impacientó con tan larga jornada y comenzó a hablar contra Dios y Moisés: «¿Por qué nos sacaron de Egipto para morir aquí en el desierto? —se quejaron—. Aquí no hay nada para comer ni agua para beber. ¡Además, detestamos este horrible maná!».

Entonces el Señor envió serpientes venenosas entre el pueblo y muchos fueron mordidos y murieron. Así que el pueblo acudió a Moisés y clamó: «Hemos pecado al hablar contra el Señor y contra ti. Pide al Señor que quite las serpientes».

Así pues, Moisés oró por el pueblo. Entonces el Señor le dijo a Moisés: «Haz la figura de una serpiente venenosa y átala a un poste. Todos los que sean mordidos vivirán tan sólo con mirar la serpiente». Así que Moisés hizo una serpiente de bronce y la ató a un poste. ¡Entonces los que eran mordidos por una serpiente miraban la serpiente de bronce y sanaban!" (NTV)

El pueblo empezó a quejarse contra Dios y Moisés. Esto es lo peor que puedes hacer. Dios es bondad absoluta y quejarse de la bondad de Dios es un pecado grave. Despreciar el amor de Dios y preferir la esclavitud del mundo es un rechazo muy grande y debe ser castigado.

El amor de Dios no se ha alejado de nuestras vidas cuando las situaciones son difíciles.

Debemos aprender una lección extremadamente importante – la de aprender a confiar en Dios en <u>todas</u> las circunstancias. Dios nos brinda todo su amor pero también requiere toda nuestra confianza. Él quiere que dependamos de Él en todas las áreas de nuestra vida.

Parece que justamente ésta era la lección que debían aprender los israelitas – confiar en Dios cuando no veían más que desierto Díatras día. Fue muy fácil olvidar cómo el Faraón de repente accedió a perder todos sus esclavos y dejarles libres y cómo Dios les había salvado de una muerte segura si no hubiera abierto un camino seco en el lecho del Mar Rojo.

Se olvidaron de que no fue el deseo de Dios hacer esta caminata tan larga sino que fue a razón de su pecado y rebeldía que Dios decretó ese castigo.

Cuando nos vemos en apuros, cuán fácil es para nosotros olvidarnos de todas las veces que Dios nos ha librado y nos ha dado la salida y nos ha bendecido. Es más fácil quejarnos en lugar de alabar y confiar en Dios.

Ahora en esta oportunidad Dios sacó Su mano protectora y permitió que las serpientes venenosas, que abundan en el desierto, les picasen y provocaran la muerte.

Cuando la gente se arrepintió, Dios nuevamente mostró Su bondad, Su amor y proveyó la salvación.

Siempre me pareció raro lo que debían de hacer para salvar sus vidas hasta que entendí que era un tipo de la salvación que nos da Jesús. Me parecía una estrategia muy extraña.

Para librarse de la muerte por la picadura de serpiente la gente tenía que levantar su vista y <u>creer</u> que al hacerlo serían curados. No era necesario realizar una hazaña imposible para ser sano – solamente hacía falta mirar al madero y ver la serpiente clavada allí.

"Y como Moisés levantó la serpiente en el desierto, así es necesario que el Hijo del Hombre sea levantado, para que todo aquel que en él cree, no se pierda, mas tenga vida eterna."(Juan3:14, 15)

Juan nos dice que de la misma manera que se levantó una serpiente sobre un asta para sanidad, así también el Hijo del Hombre sería levantado sobre un asta. Y si alguien levantara su vista y creyera en Él, recibiría la vida eterna y no la perdición.

Es una paradoja que la cosa más importante en esta vida – obtener la llave para alcanzar la vida eterna – sea algo tan sencillo como mirar la cruz (el asta) y simplemente creer.

Día 25

Con Su sangre

Apocalipsis 5:9

"Y cantaban un nuevo canto con las siguientes palabras: Tú eres digno de tomar el rollo y de romper los sellos y abrirlo. Pues tú fuiste sacrificado y <u>tu sangre</u> pagó el rescate para Dios de gente de todo pueblo, tribu, lengua y nación." (NTV)

Es <u>con Su sangre</u> que Jesús nos ha comprado. Él ha pagado el rescate que la ley y la justicia de Dios demandaba.

El pecado tiene un castigo – la muerte. Nuestro rescate de la muerte se debía pagar con una muerte también. Nuestra salvación ha costado mucho. Es tan alto el precio que no tiene valor alguno. Pero no había otra manera de lograr que nosotros pudiéramos llegar al cielo. Dios no quebranta Sus leyes. Dios cumple Sus leyes. De lo contrario hubiera encontrado la manera de que obtengamos la vida eterna sin que su propio Hijo tuviera que morir, y morir de una manera tan horrenda.

Es por la sangre de Jesús que tenemos la salvación. Y con la salvación también tenemos todos los beneficios de ser libres en Él.

Debemos siempre recordar el gran precio pagado por nuestra salvación. Todo nuestro bienestar y todas las promesas de Dios nos llegan por la sangre de Jesús, entregada en sacrificio voluntario a cambio de nuestras vidas.

La sangre de Jesús limpia y emblanquece

Apocalipsis 7:9, 10, 14

"Después de esto miré, y he aquí una gran multitud, la cual nadie podía contar, de todas naciones y tribus y pueblos y lenguas, que estaban delante del trono y en la presencia del Cordero, vestidos de ropas blancas, y con palmas en las manos; y clamaban a gran voz, diciendo: La salvación pertenece a nuestro Dios que está sentado en el trono, y al Cordero. Yo le dije: Señor, tú lo sabes. Y él me dijo: Estos son los que han salido de la gran tribulación, y han lavado sus ropas, y <u>las han emblanquecido en la sangre del Cordero.</u>"

La Cena del Señor es una fiesta. Recordamos y celebramos nuestra redención por la sangre que vertió nuestro amado Salvador, Jesús. Recordamos el precio que pagó por nuestra salvación.

En esa celebración siempre me extrañaba que el Señor me impulsara levantar una bandera blanca y no la roja. A mi ver era más lógico levantar una bandera rojo al recordar el poder de Su sangre y lo que logró para nosotros. Nunca pude levantar la bandera rojo y después de mucho tiempo encontré la respuesta en el versículo 14 de Apocalipsis 7. La sangre de Jesús emblanquece, hace blanco. ¡Nuestra ropa lavada en la sangre del Cordero se torna blanca, no roja!

Día 26
Jesús salta y danza de alegría

Lucas 10:1, 17, 21

"Después de estas cosas, designó el Señor también a otros setenta, a quienes envió de dos en dos delante de él a toda ciudad y lugar adonde él había de ir...Volvieron los setenta con gozo, diciendo: Señor, aun los demonios se nos sujetan en tu nombre...En aquella misma hora Jesús se <u>regocijó</u> en el Espíritu, y dijo: Yo te alabo, oh Padre, Señor del cielo y de la tierra, porque escondiste estas cosas de los sabios y entendidos, y las has revelado a los niños. Sí, Padre, porque así te agradó."

La palabra griega en el original para *"regocijó"* es 'agalliao' que significa alegría excesiva, estar excesivamente gozoso, saltar de gozo. Era un momento de mucho gozo porque estos hombres habían hecho grandes cosas y habían aprendido muchas cosas del Reino de Dios. Y Jesús se alegró muchísimo.

La palabra griega nos ayuda a entender que en esa ocasión Jesús saltó de alegría. No creo que saltó solamente una vez porque con un sólo salto no hay mucho gozo. Creo que Jesús realmente se regocijó a lo grande y lo puedo imaginar saltando y saltando de gozo y no querer parar porque grandes cosas se habían logrado ese día porque Él vio cómo habían derrotado a Satanás (versículo 18).

La danza es la máxima expresión de gozo. Yo creo que en esta oportunidad el gozo de Jesús era tan grande, y Sus saltos de alegría tan efusivos, que Jesús danzó de gozo.

Día 27
Jesús se goza

Judas 1:24-25

"Y a aquel que es poderoso para guardaros sin caída, y presentaros sin mancha delante de su gloria con <u>gran alegría</u>, al único y sabio Dios, nuestro Salvador, sea gloria y majestad, imperio y potencia, ahora y por todos los siglos. Amén."

Trata de imaginar la escena – ha llegado el momento en la historia (aunque Dios está fuera del tiempo) de poder finalmente presentar la novia al Padre. Jesús por fin puede presentar a Su Padre a todas aquellas personas que han creído en Él. Todos están allí; esta obra ha terminado y está por empezar otra etapa.

Es un momento de sumo gozo, es un momento que se ha esperado durante mucho tiempo. Las preparaciones para este momento se han venido realizando durante mucho tiempo. Pero ya todo está listo y preparado y Jesús por fin puede presentar a los Suyos, a los que se han guardado sin mancha y no han caído. Dice la Palabra que lo hace *"con gran alegría"*. En español no podemos entender plenamente esa frase. El griego original traduce *"con gran alegría"* en 'agalliao' que significa alegría excesiva, saltar de alegría.

Este es el momento esperado durante siglos y Jesús ¿lo llevará a cabo con solamente una linda sonrisa? No lo creo. Creo que Su gozo será exuberante, exagerado, excesivo y no cabrá en sí. Creo que lo hará como lo dice el texto en griego: que saltará de alegría y danzará de alegría porque su gozo es inmensamente grande e incontenible.

Es un momento crucial en toda la historia y no podemos imaginar todo lo que sucederá en el cielo en ese momento. Los ángeles también han estado esperando este momento y haciendo preparativos y habrá gran fiesta en el cielo...y comeremos juntos como en toda fiesta y tendremos las bodas del Cordero. ¡Qué festejo será aquello! ¡Qué festejo nos espera! Veremos a Jesús expresando Su inmenso amor por nosotros. Ahora mismo podemos mostrarle nuestro amor y hacerlo de la manera *'agalliao'*.

ALABANZA

Día 28

El Señor es el centro de la alabanza

¿Por qué cantamos al comenzar las reuniones en la iglesia? Puede haber varias respuestas pero una de ellas es que la alabanza verdadera y genuina del corazón trae la presencia del Señor. El ambiente es diferente cuando la presencia del mismo Dios ha decidido bajar a nuestro nivel y hacer que lo terrenal tenga la atmósfera del cielo.

Salmos 22:3

"Pero tú eres santo, Tú que habitas <u>entre</u> las alabanzas de Israel."

Hebreos 2:12

"Anunciaré a mis hermanos tu nombre. <u>En medio</u> de la congregación te alabaré."

Un día meditaba sobre la música y cómo sería la música en el cielo. Percibí algo que no podía describir. Lo vi pero no pude formular palabras para describirlo.

Nosotros no estamos en el centro de la alabanza. El Señor está en el centro de la alabanza. La música lo rodea a Él. Él está en medio. El Señor <u>es</u> el centro de la alabanza. Estos dos versículos nos dan sólo una vislumbre.

En el cielo sabremos si Él creó la música o si la música es parte de Él o si Él <u>es</u> música. Por ahora sabemos que la música y la alabanza traen Su presencia y donde está Su presencia hay bendición porque trae el ambiente del cielo a la tierra.

Día 29
La tierra gira de gozo

1 Crónicas 16:23-36

"Cantad a Jehová toda la <u>tierra</u>, proclamad de Día en Día su salvación. Cantad entre las <u>gentes</u> su gloria, y en todos los <u>pueblos</u> sus maravillas. Porque grande es Jehová, y digno de suprema alabanza.

Temed en su presencia, toda la <u>tierra</u>; el <u>mundo</u> será aún establecido, para que no se conmueva.

Alégrense los <u>cielos</u>, y gócese la tierra, y digan en las <u>naciones</u>: Jehová reina.

Resuene el <u>mar,</u> y su plenitud; alégrese el <u>campo</u>, y todo lo que contiene. Entonces cantarán los <u>árboles de los bosques</u> delante de Jehová, porque viene a juzgar la tierra.

Bendito sea Jehová Dios de Israel, de eternidad a eternidad." (I Crónicas 16:23-25, 30-33, 36)

Toma el tiempo de leer toda esta alabanza (I Crónicas 16:7-36) y métete en el canto para sentir que va más allá de simples palabras y es un canto que te eleva hasta toda la creación de Dios...te lleva de eternidad a eternidad, te lleva a todas las naciones del mundo, todas sus razas, te lleva a la creación de toda la naturaleza en la tierra y todos los universos de las estrellas. Métete en la grandeza de Dios y la grandeza de Su creación.

Parece como si el autor no encuentra suficientes palabras para exaltar al Creador y no cabe en sí de amor por su gran

Creador y de su pasión por Él, entonces lo resume todo en la siguiente frase: *"Bendito sea Jehová Dios de Israel de eternidad a eternidad."*

Hay una cosa que me llama la atención en el versículo 31 - *"gócese la tierra"*. La palabra *"gócese"* en el original hebreo es *'guwl'* que significa remolinear, girar. Y eso es exactamente lo que hace la tierra y todos los planetas: <u>giran</u> de gozo, giran gozándose en su Creador.

Toda la tierra se goza en su Creador, por eso dice: *"alégrense los cielos y gócese la tierra"* y sigue hablando de la creación, hablando del mar, el campo, los árboles.

En Job 38:7 leemos que en el Díade la Creación las estrellas cantaban y los ángeles gritaban de gozo. ¡Qué momento tan especial fue aquel!

"Entonces el Señor respondió a Job: ¿Quién es éste que pone en duda mi sabiduría con palabras tan ignorantes? ¿Dónde estabas tú cuando puse los cimientos de la tierra? y quién puso su piedra principal <u>mientras las estrellas de la mañana cantaban a coro</u> y todos <u>los ángeles gritaban de alegría?"</u> Job 38:1-7 (NTV)

En el día de la Creación hubo música, hubo alabanza, hubo gozo y júbilo – las estrellas cantaban y los ángeles gritaban de alegría.

Si toda la creación alaba a su Creador ¿no te parece que es nuestro deber alabarle también? Y mejor aún porque tenemos una mente que piensa y boca para emitir, de diversas maneras, nuestra alabanza a la grandeza de nuestro gran Creador.

Día 30

Ver la alabanza

Salmos 40:3

"Puso en mi boca un cántico nuevo, un canto de alabanza a nuestro Dios; muchos verán esto, y temerán, y confiarán en el Señor." (LBLA)

¿Cómo es que nuestra alabanza se pueda <u>ver</u>? ¿Acaso no es que la alabanza es algo que se oye porque lo decimos o cantamos? Entonces, ¿la alabanza no es sólo lo que sale de mi boca?..... Parece que la alabanza se puede <u>ver.</u>

La alabanza se ve cuando unimos a nuestra voz invisible las banderas visibles y panderos y danza y cintas etc. etc. y todo lo que se levante para glorificar el nombre de nuestro gran Dios y Padre y Su Hijo y Su Espíritu Santo. Creo que llegó el tiempo de empezar.

La razón de las banderas es que sean vistas. Y que sean levantadas en alto. Una bandera es inútil si no es levantada....está para ser vista. Se pueden utilizar no sólo en la iglesia sino en tu casa o donde te indique el Espíritu Santo. Una bandera al aire libre, en la calle, cobra fuerza y propósito. Deja que el Espíritu Santo te dé Sus ideas de cómo usar las banderas fuera de la iglesia....que sean vistas por muchos y atraigan muchos a Él.

Las marchas para Jesús en las calles de una ciudad son un testimonio grandioso de nuestra fe al exaltar a nuestro Señor y Salvador. Deja que el Espíritu Santo te dé ideas de cómo la alabanza a Dios puede ser vista.

Día 31
Lo pequeño puede ser grande

Ezequiel 28:13-15

"En Edén, en el huerto de Dios estuviste; de toda piedra preciosa era tu vestidura; ...los <u>primores de tus tamboriles</u> y flautas estuvieron preparados para ti en el día de tu creación. Tú, querubín grande, protector, yo te puse en el santo monte de Dios...Perfecto eras en todos tus caminos desde el día que fuiste creado, hasta que se halló en ti maldad."

En este pasaje leemos sobre la creación de un querubín grande – un acontecimiento que ocurre antes de la creación del mundo. Vemos que Dios le preparó para este ser la más hermosa vestidura y también hubo música para la celebración. Cuando habla de tamboriles está haciendo referencia a lo que conocemos como el pandero.

Muchos pueden despreciar el pandero por ser tan simple y sencillo pero si te das cuenta que este pequeño instrumento existió en el cielo aún antes de la existencia de la tierra entonces te das cuenta que fue ideado por Dios y no por el hombre y entonces puedes detenerte a pensar que tal vez sea más importante que lo que uno se imagina.

Este 'pequeño' instrumento fue lo que se utilizó para celebrar una ocasión de suma importancia. Se acaba de crear un ser excepcional, como ningún otro. Y junto con las flautas de sonido bello se usa un pandero o tamboril 'sencillo'.

Creo que hay una lección aquí. Creo que Dios nos enseña

que aún lo más sencillo y lo más simple en las manos de Dios, puede ser algo muy grande y poderoso. I Corintios 1:25-29 nos ayuda a comprender esto:

"Porque lo insensato de Dios es más sabio que los hombres, y lo débil de Dios es más fuerte que los hombres... lo necio del mundo escogió Dios, para avergonzar a los sabios; y lo débil del mundo escogió Dios, para avergonzar a lo fuerte; y lo vil del mundo y lo menospreciado escogió Dios, y lo que no es, para deshacer lo que es, a fin de que nadie se jacte en su presencia."

No despreciemos las personas sencillas por no ser 'los mejores'; cada persona tiene su lugar especial en el Cuerpo de Cristo.

Dios escogió justamente lo sencillo – un pandero – porque todas las personas lo pueden utilizar. No hace falta meses ni años de estudio para lograr tocarlo bien. Es más eficaz que aquellos instrumentos porque cualquiera lo puede tocar inmediatamente. Y de esa manera Dios no hace acepción de personas – todos son igual en importancia para Él.

Si el pandero ha sido ideado por Dios tal vez tendríamos que darle más importancia y usarlo más. El pandero queda, por lo general, a un costado por ser un instrumento de poca importancia – ni lo miran y no lo tienen en cuenta. Pero este pequeño e 'insignificante' instrumento en manos de un creyente lleno de fe es un bello instrumento de alabanza a Dios como también lo es un arma poderosa que hace guerra en las esferas espirituales. Conozco muchos creyentes así que conocen el valor de este instrumento que sale del corazón de Dios.

Día 32

Una alabanza extravagante

Salmo 66:2

"Cantad la gloria de su nombre; poned gloria en su alabanza."

Cantemos y alabemos Su gloria, Su majestad, Su magnificencia, Su grandeza. Pongamos gloria en su alabanza. Esto involucra excelencia...hacerlo con todo mi ser, con todas mis fuerzas, con todo mi mente y con todo mi corazón; involucra pasión.

Cuando un país recibe al jefe de estado de otra nación le honran – se colocan banderines en las calles y sale la banda de música para agasajar una visita importante.

¿Cómo se festeja al equipo de fútbol que ha ganada la Copa Mundial? La gente emplea diversas maneras para expresar su gozo y honran a ese equipo; con risa, aplausos, música, color, banderas, pancartas, papel picado, se pintan la cara, se visten de los colores del equipo etc. ¿Vamos a honrar al Rey de reyes de una manera inferior? Selah (Haz una pausa y piensa en eso).

¡No hay honra suficiente para nuestro Rey! ¡Jamás podremos excedernos al intentar honrarlo! Él merece infinitamente más de lo jamás se nos pudiera ocurrir para honrarle. Empecemos ya a ser excesivos en honrarle y pongámosle gloria a nuestra alabanza a Aquel que nos ha comprado la salvación y la vida eterna.

A Dios le gusta mucho colorido, mucho brillo, el dorado, el plateado, todo lo que pueda realzar Su majestad y esplendor. Cuando Jesús vivió en la tierra fue despreciado y rechazado y le quitaron todo su atractivo y belleza (Isaías 53:2,3). Ahora debe ser vindicado y debemos darle la honra del cual es digno y debemos exaltarlo como Rey. Por eso le brindamos el mejor homenaje, los mejores colores, la mejor música, la mejor adoración.

Cuando usamos nuestros instrumentos de exaltación: los panderos, las banderas, los estandartes, las cintas y pañuelos, o cualquier otra manera de expresión, junto con nuestra alabanza y adoración, estamos anunciando proféticamente la llegada de la gloria de Dios en la venida de nuestro Rey Jesucristo. Estamos *"abriendo las puertas para que entre el Rey de Gloria"* (Salmo 24:9).

NUESTRA DEVOCIÓN

Día 33
Venir ante la presencia de Dios con gozo

Salmo 100:4 dice *"Venid ante su presencia con regocijo"*.

"Entren por sus puertas con acción de gracias; vayan a sus atrios con alabanza. Denle gracias y alaben su nombre." (NTV)

Dios desea que nos acerquemos a Él con alegría...no con tristeza porque Él es un Dios de gozo y no de tristeza. Él nunca está deprimido sino que en Él está la plenitud de gozo. Y Él desea la plenitud de gozo para Sus hijos.

Cuando vienes ante Dios, Su deseo es que te regocijes. ¿Porque Él es un Dios egoísta que piensa en lo mejor para Él? ¡No! Todo lo contrario. El regocijarnos es para el bien nuestro.

Alabar a Dios y regocijarnos en Él nos aleja de nuestras tristezas, las aflicciones y problemas y nos eleva a una esfera perfecta. Nos eleva a las esferas celestiales y nos hace vivir un poco del cielo antes de tiempo...y esto nos fortalece para seguir adelante, en la lucha diaria hasta que terminemos la carrera.

Podemos estar sometidos en el más grande de los problemas y situación adversa pero la presencia de Dios (donde no hay tristeza ni depresión, dónde sólo hay gozo y paz) puede inundar nuestro ser y darnos un gozo indescriptible.

Día 34
La alabanza que Dios desea

Salmo 150:4

"Alabadle con pandero y danza; alabadle con instrumentos de cuerda y flauta." (LBLA)

Creo que el salmista está tan abrumado por la grandeza y la bondad de Dios...para él no existen suficientes palabras para expresar Su magnificencia y la grandeza de Sus proezas.

El salmista no cabe en sí por lo grande que es Dios y se 'limita' en enumerar diversas razones por lo cual alabarle y menciona diversas maneras de alabarle. Será con varios instrumentos de viento, de cuerda y de percusión....y al final, el coro de voces: que TODO el que respira alabe al Creador.

Es interesante notar que no solamente son los seres humanos los que respiran sino también los animales y las plantas que alaban a Su Creador, pero es solamente el hombre el que tiene voz y tiene el privilegio de expresarse y dar voz a sus sentimientos.

Te diste cuenta que en medio de la lista de instrumentos el salmista ha detallado al pandero y la danza como una manera de alabar a Dios. Y aclaro que el verbo en cada caso está en el imperativo. *"Alabadle"*. Es una orden - algo que debemos hacer porque eso le agrada a Dios.

La palabra *"danza"* en el hebreo original es *machol* que describe una danza en círculo, o sea una danza donde participan varias personas. Anna Rountree en su libro "The Heavens Opened" (Los Cielos Abiertos) donde relata sus experiencias durante sus visitas al cielo, cuenta que cuando los redimidos ven acercarse a Jesús, se ponen a danzar en círculo (machol) para saludar a su Amado.

Día 35

Agradando a Dios con nuestra alabanza

Leemos en el Salmo 149:3 y 4:

"Alaben su nombre con danza; con pandero y arpa a él canten. Porque Dios tiene contentamiento en su pueblo. Hermoseará a los humildes con la salvación."

Otra versión lo expresa así: *"Alaba su nombre con danza, y acompáñala con panderetas y arpas, porque el Señor se deleita en su pueblo; él corona al humilde con victoria."* (NTV)

¿Cuántos alaban a Dios con pandero y danza? O tal vez piensas que la danza es sólo para mujeres o aún de que la danza es algo mundano. Mira quienes alaban y danzan al Señor en las Escrituras:

"Y María la profetisa, hermana de Aarón, tomó un pandero en su mano, y todas las mujeres salieron en pos de ella con panderos y danzas." (Éxodo 15:20) Aquí vemos a María y todas las mujeres.

"Y David y toda la casa de Israel danzaban delante de Jehová con toda clase de instrumentos de madera de haya; con arpas, salterios, panderos, flautas y címbalos." (II Samuel 6:5) Aquí vemos a David y toda la casa de Israel, hombres y mujeres y niños danzando de júbilo delante de Dios.

Y en el primer versículo de Salmo 149 se refiere a Israel:

"Cantad a Jehová cántico nuevo; Su alabanza sea en la

congregación de los santos."

Alabar a Dios con la danza no es un ministerio para los pocos sino que es para <u>todos</u>. Todos somos llamados a danzar para el Señor – los hombres, las mujeres y aún los niños. Nuestra motivación es agradar al Señor porque a Él le place que dancemos. Él quiere y desea que dancemos.

La danza no es solamente un acto físico sino que es una expresión de adoración que no sólo toca el cuerpo sino que también alcanza el alma y penetra el espíritu. La danza produce gran libertad interior como también sanidad a la vez que trae gozo. No es necesario la perfección en los movimientos porque no es tan importante lo que se ve sino lo que sucede en nuestro interior. Es nuestro corazón que tiene que elevarse en sublime adoración al magnífico Creador.

A fin de cuentas es una cuestión, no de lo que nos parece bien a nosotros, sino que es un acto de obediencia. Es hacer lo que le agrada a nuestro Señor; y no importarnos lo que puedan pensar los demás; simplemente alabar a Dios de la manera que sabemos que a Él le agrada y de la manera que Él especifica en Su Palabra. ¿Acaso vamos a la iglesia para hacer nuestra propia voluntad, o vamos para agradar al Padre?

Día 36
Danzando para Dios

Salmos 149:3

"Que alaben a Dios con danzas y bellas melodías al ritmo de panderos e instrumentos de cuerda." (PDT)

Salmo 150:4

"¡Alábenlo danzando al son de panderos! ¡Alábenlo con flautas e instrumentos de cuerda!" (DHH)

¿Hay algo que Dios no haya creado? Pienso que la danza y la música originan en Dios. Si originasen en Satanás entonces esto le haría mayor que Dios. Satanás no ha creado NADA. El sí ha tergiversado lo bueno que Dios ha creado y lo ha pervertido. TODO lo que Dios ha creado es bueno...por lo tanto la música y la danza que vienen de Él son buenas.

No se puede danzar si uno está triste. Se danza porque hay gozo. Y en el cielo hay mucho gozo y por lo tanto mucha danza.

Si Dios espera de nosotros que le alabemos con panderos y danza es porque Él da por sentado que hay gozo en nuestro corazón y que nuestros pies están deseosos de levantarse del suelo en danza por amor a Él. Y no tan sólo por amor a Él sino también en obediencia. *"Alaben a Dios con danzas"* ¡está en el imperativo! Es una orden: Dios nos <u>manda</u> alabarle con danza. Nos ordena alabarle con panderos y que cantemos a Él.

Para algunos es difícil obedecer este deseo de Dios. Si sabemos que vamos a danzar en el cielo, ¿por qué no empezar aquí y ahora? ¿Qué te impide? Si obedeces este deseo de Dios, la bendición la llevas tú, porque no te imaginas el gozo que trae liberarse de todas las ataduras terrenales y danzar para Dios y sentir que estás en el cielo por el gran gozo que sientes.

¿Te vas a dejar llevar por lo que pueden decir los demás? ¿Te aprobará Dios al ver que prefieres obedecer las ideas de los hombres y te niegas hacer <u>Su</u> voluntad? Piénsalo. Tal vez te estás perdiendo algo muy grande y ni siquiera te dabas cuenta.

Día 37
Celebrando una victoria

Éxodo 15:20

"Entonces la profetisa Miriam, hermana de Aarón, tomó una pandereta, se puso al frente, y todas las mujeres la siguieron, danzando y tocando sus panderetas." (NTV)

No era para menos...acababan de experimentar la salvación de sus vidas. Acababan de ver el enemigo persiguiéndoles y una muerte seguro pero Dios intervino de una manera inesperada y milagrosa y ese gozo tremendo se podía expresar de una sola manera: con danzas de júbilo. ¿No harías lo mismo? ¡Qué manera de agradecer a Dios por Su salvación!

¡Y Dios ha hecho lo mismo por cada uno de nosotros! Nos ha regalado la salvación. No podemos menos que agradecerle y de la manera que le agrada a El...con alabanza, con instrumentos, con nuestras voces y con nuestra danza.

En ese entonces Moisés tenía unos 80 años así que Miriam debía tener ¡cerca de 90! Pero era Miriam que salió delante de todas las demás mujeres para expresar su gozo en el Señor. Que el ejemplo de Miriam te aliente a saber que nunca es tarde para ser usado por Dios. ¡Aún los de edad avanzada pueden ir delante de los jóvenes!

Día 38
David le ofrece lo mejor a Dios

II Samuel 6:4

"Y David danzaba con toda su fuerza delante de Jehová; y estaba David vestido con un efod de lino."

La danza es la expresión de una fuerte emoción.

El Rey David tenía un anhelo muy, muy grande: el de llevar el arca del pacto a Jerusalén y cuando por fin lo pudo hacer, no cabía en sí de gozo y alabanza a Dios por Su grandeza. Quiso alabar a Dios de la manera más grande posible, expresando todos sus sentimientos en la danza. No eran suficiente las palabras, ni la música ni los múltiples sacrificios; la danza era la manera de expresar <u>todo</u> lo que había en su interior por Dios - y no era una danza tranquila y estética, llena de gracia, sino una danza que le dio vergüenza a su esposa.

David puso toda su pasión en su danza y era una danza extravagante con saltos y giros y brincos. Por eso David le tiene que explicar que a él no le interesa lo que otros piensen. El sólo sabía que tenía que darle <u>todo</u> a Dios, porque Dios espera todo de nosotros; David no pudo darle menos que lo mejor. David le dio su pasión expresado en su danza extravagante y exagerada.

David también quería humillarse ante Dios y se dejó lo mínimo posible puesto. Como rey tenía derecho a llevar oro y la ropa más cara pero David sabía que estas cosas externas no le impactan a Dios. David sabía que Dios no mira el exterior sino que mira el corazón. David también sabía que ese corazón debía ser un corazón humilde para que Dios le mirara porque Dios no puede tener trato con los altaneros y soberbios. David sabía que Dios no se mueve por la riqueza que le pudiera presentar pero se agrada de ver un corazón rendido en amor a Él. Y David se despojó de sus vestiduras reales y le dio su corazón envuelto en amor y pasión, rodeado de gozo y danza y exento de todo lujo humano. Y esto le complació a Dios. A David no le importó lo que pensaran los demás. Seguramente muchos quedaron escandalizados ese día al ver a su rey desprovisto de ropa y en su ropa interior. Habrán pensado que algo le fallaba en su mente. Lo que veían sus ojos era algo inaudito. Pero lo que las personas pensaban o criticaran no le movió en absoluto a David quien tenía su propósito fijo en agradar solamente a Dios.

Y después nosotros tenemos la osadía de decir que la danza no es de Dios y no es para Dios y no dignifica a Dios cuando es Dios mismo quien nos pide danzar para Él. Amado, dale a Dios lo que Él espera de ti: la demostración de tu amor. Como David, no seas escaso - no le des migajas porque temes lo que otros puedan decir. Dale a Él lo que Él merece: la mejor adoración, y exprésalo en la danza.

Tu danza le alaba. Tu danza le agrada. Es un mandamiento y te es conveniente obedecer pues la danza te hace bien a ti. Sí, a ti te hace bien pues te libera, te hace libre y pones al enemigo debajo de tus pies cada vez que danzas. ¡Sí, Señor, te daré lo mejor!

Día 39
El primer mandamiento

Éxodo 20: 4, 5

"No te harás imagen, ni ninguna semejanza de lo que esté arriba en el cielo, ni abajo en la tierra, ni en las aguas debajo de la tierra. No te inclinarás a ellas, ni las honrarás; porque yo soy Jehová tu Dios, fuerte, celoso, que visito la maldad de los padres sobre los hijos hasta la tercera y cuarta generación de los que me aborrecen."

Es más fácil adorar a algo que vemos que algo invisible. Por eso este primer mandamiento es tan importante. La tendencia humana es reemplazar lo invisible y real por una imagen sin vida – por estatuas e imágenes sin vida. Esto es abominación porque así se rechaza al verdadero Dios por una cosa completamente inútil. No tienen ningún sentido pero sin duda sabes que eso es lo que se hace continuamente por toda la tierra. Por doquier hay imágenes de personas 'santas' cuando la Biblia afirma que no hay santo, ni uno siquiera, porque todos hemos pecado y no podemos llegar al cielo por nuestra propia iniciativa. (Romanos 3:10, 23)

Y más aún, se levantan imágenes y figuras de 'mujeres santas'. En efecto, ¡hay miles de figuras de 'vírgenes' por todo el mundo! ¡Qué engaño! ¿Vamos a añadir a la trinidad de Dios una cuarta figura sin ninguna base bíblica? ¡Doctrina del infierno para confundir a todos y engañar a los que quieren conocer a Dios!

El diablo a través de la historia se ha encargado que el pueblo sea ignorante y crea que no puede leer la Biblia.

Ha engañado a muchos haciéndoles creer que es un libro para los sabios y entendidos solamente – y así se ha conseguido que el pueblo crea las mentiras de los hombres. Se ha logrado que el pueblo levante, no solamente una imagen sino miles de imágenes inútiles y así quebrar el primer mandamiento de Dios.

Una imagen por más bella y hermosa que la vistes sigue siendo una cosa hueca e inútil porque no ve ni escucha ni siente.

"Tú mereces alabanzas, Dios nuestro, ...por tu amor y tu fidelidad. Las otras naciones preguntan en son de burla: «¿Qué pasó con su Dios?» ...Los ídolos de esas naciones son objetos de oro y plata; ¡son hechura humana! ¿Y qué es lo que tienen? Una boca que no habla, y ojos que no ven; orejas que no oyen, y narices que no huelen; manos que no tocan, y pies que no andan; garganta tienen, ¡pero no emiten ningún sonido! Iguales a esos ídolos son quienes los hacen y quienes confían en ellos. Pongan su confianza en Dios; ¡él nos ayuda y nos protege!" Salmo 115:1-9 *(TLA)*

Cuántos miles de imágenes hay en todo el mundo a los cuales las personas claman y lloran y le rezan – son muy bonitas, de oro y plata, pero inútil igual.

¿Por qué vas a reemplazar al verdadero Dios que ve, escucha, siente y te conoce como ningún otro por una imagen que no sirve de nada? ¡Qué engaño! Despierta a la verdad y lee la Palabra de Dios y tus ojos serán abiertos.

"No te harás imagen, ni ninguna semejanza de lo que esté arriba en el cielo, ni abajo en la tierra, ni en las aguas debajo de la tierra. No te inclinarás a ellas, ni las

honrarás; porque yo soy Jehová tu Dios." (Éxodo 20:4, 5)

¿Cómo puedes decir que amas a Dios y ni siquiera puedes respetar este, el primer mandamiento?

Dios no comparte Su deidad y Su divinidad con nadie ni con nada. Así que no ofendas más al único y verdadero Dios. Ponlo en el primer lugar, el único lugar en tu vida. No puede haber imágenes de ningún tipo en tu vida si es que amas a Dios y deseas honrarle.

A veces nuestras imágenes no son visibles. A veces hay otras cosas que son más importantes en nuestra vida que Dios, el dinero por ejemplo, el trabajo, el estudio, el amor de otra persona, el deporte. Si estas cosas están en primer lugar en tu vida entonces están en función de imágenes y le quitan a Dios el primer lugar en tu vida.

Día 40

Lo más importante

Santiago 4:5

"¿O pensáis que la Escritura dice en vano: El Espíritu que él ha hecho morar en nosotros nos anhela celosamente?"

Dios nos anhela celosamente. Sí, Él quiere ser el único para ti. Quiere ser tu único amor – lo más importante de tu vida - sí, que lo ames y lo reverencies aún más que tu novio, tu cónyuge y aún más que tus hijos. No es porque no debes amar a los tuyos sino que es por Su <u>inmenso</u> amor que Él desea tu amor. Es tan inmenso su amor que desea ser correspondido en ese amor y que nosotros también lo deseemos tanto como Él nos desea a nosotros. No hay nada que le plazca más que nuestro amor.

Desde que aceptamos a Jesús en nuestro corazón, ha llegado el Espíritu Santo a morar en nosotros. La Palabra afirma que Él nunca nos deja ni nos abandona. Esto significa que el Espíritu Santo está constantemente con nosotros – Día y noche, cada día de nuestras vidas – ¡y no se cansa nunca de nosotros! Nosotros ni soportamos estar tanto tiempo junto con la persona más amada. Pero el Espíritu Santo nos ama tanto que no se cansa...es más...nos anhela celosamente; constantemente está esperando por nosotros: si podemos amarle de la misma manera, amarle con pasión e intensidad.

Sólo cuando Él es primero para ti entonces puede Él derramar <u>todo </u>Su bien sobre ti

LA CARRERA

Día 41

Fuiste hecho para Mi placer

Un día el Señor me dijo esta frase: Fuiste hecha para Mi placer (You were made for My pleasure). Me sorprendió muchísimo porque esa frase me hacía sentir importante para el Señor y estaba a punto de dudar de la veracidad de lo que había entendido cuando casi al mismo tiempo (sólo un segundo más tarde) escucho audiblemente la misma frase en un cassette (sí, los de antes) que tenía puesto. La frase era parte de una canción. No era la primera vez que escuchaba esa canción pero nunca me había fijado en esa frase. Pero ahora el Señor me lo decía a mí y me parecía algo demasiado hermoso, <u>demasiado</u> grande.

Estaba sola en la casa, mi esposo en el trabajo y los niños en la escuela y yo haciendo los quehaceres de la casa. Como siempre, tenía puesto algún cassette de música cristiana que me inspiraban y hacían real Su presencia. En ese momento preciso estaba pelando las patatas, sí, algo tan común y lejos de lo espiritual (pero necesario para el cuerpo físico).

Pero para mí fue un momento único. Me sentí como si fuera la única para Él porque me decía que me había creado para Él y que el simple hecho de que yo existía le daba placer.

O, no sé cómo describir ese sentimiento. Uno reconoce todas las falencias propias, todos los errores que uno comete (para no mencionar los pecados) y uno se siente tan poca cosa...y que el mismo Señor te diga esa frase, no solamente una vez sino dos veces para que no dudes, es algo que no se puede describir. Es algo demasiado grande. Te hace sentir que eres de mucho valor – aunque sientes lo contrario – que Él se ha fijado en ti y eres único y muy estimado.

Me sentí muy honrada que el Señor me dijera algo tan bonito pero a la vez yo sabía que esa frase es para cada uno de Sus hijos porque cada hijo para Él es como si fuera el único en el mundo – cada uno es especial para Él y Él ha hecho a todos por puro placer y para que le den placer. Entonces busqué en las Escrituras y encontré los siguientes tres versículos que expresan lo que el Señor me dijo. Algunas versiones usan la palabra 'deleite' para traducir la palabra inglesa, placer.

Salmos 147:11,

"El Señor se place en los que le temen, en los que ponen su esperanza en su amor inagotable." (NTV)

Salmo 149:4

"El Señor se deleita en su pueblo".

O esta versión: *"El Señor se place en su pueblo."* (LBLA)

Y esta otra versión: *"Porque el Señor se complace en su pueblo;"* (DHH)

Apocalipsis 4:11

"Señor, digno eres de recibir la gloria y la honra y el poder; porque tú creaste todas las cosas, y por tu voluntad existen y fueron creadas."

O sea, por Tu placer existen y fueron creadas.

¿Puedes entender lo maravilloso que es esa afirmación? Un Dios perfecto y santo se place, se deleite contemplando a Sus hijos. ¡Asombroso! Tal vez es más fácil entenderlo si visualizamos a Dios como nuestro Padre. Si eres padre o madre puedes entenderlo porque tus hijos te dan placer, te provocan una sonrisa en tus labios, te deleitas cuando los contemplas, son especiales para ti. No son perfectos pero son tuyos y siempre lo serán y son únicos para ti.

Somos especiales para nuestro Padre Dios, somos únicos para Él y nada ni nadie podría lograr que Su amor hacia nosotros cambie ni mengüe. No es necesario hacer grandes proezas para impresionar a nuestro Padre – nos ama como somos. ¡Quién como nuestro Dios! Tan grande e infinito es Su amor! ¡Alabado sea por siempre!

Día 42
Permanecer hasta el fin

Hebreos 3:14

"Pues, si somos fieles <u>hasta el fin</u>, confiando en Dios con la misma firmeza que teníamos al principio, cuando creímos en él, entonces tendremos parte en todo lo que le pertenece a Cristo." (NTV)

Hay algunos que no creen que la salvación se pierde. Este versículo es claro. No hace falta explicarlo.

Hebreos 10:30 dice que el justo vivirá por fe y si retrocediera, no agradará a Dios. Te aliento a leer todo el libro de Hebreos donde nos dice:

...no sea que deslicemos (2:1)

...no descuidar la salvación (2:3)

...retener hasta el fin la confianza (3:6, 14)

...retener nuestra profesión (4:14)

...porque la salvación es para los que le obedecen (5:9)

...no perder a confianza (10:35)

...mantener la fe (10:38)

...no retroceder para perdición (10:39)

...no sea que alguno deje de alcanzar la gracia de Dios (12:15)

Nuestra salvación no es una cosa ligera, no es un juego; es

una carrera para llegar a la meta y ganar el premio. Muchos comienzan pero no todos permanecen y el libro de Hebreos nos insta a seguir y permanecer en esa carrera y no retroceder.

Sería muy bonito decir: Cree en el Señor Jesucristo y vive como quieras. Pero las reglas no las ponemos nosotros y es necesario saber lo que dice Dios del asunto de la salvación.

Todos tenemos seres amados que no viven de acuerdo a la voluntad de Dios y queremos torcer los principios de Dios para incluir a aquellos. Debemos seguir orando por ellos, para que toda nuestra casa sea salva. Y sabemos que Dios es un Dios justo y hará justicia siempre. No se perderá ninguno que sea fiel. Tendrá la vida eterna todo aquel que realmente ha puesto su confianza en Él.

Día 43
Una corona brillante

Zacarías 9:16

"Y los salvará en aquel día Jehová su Dios como rebaño de su pueblo; porque como piedras de diadema serán enaltecidos en su tierra."

El pasaje cuyo título lee: "El futuro rey de Sion" habla del futuro y es digno de mucha interpretación - aún empieza con una palabra particular – *"Alégrate"* que en el hebreo original es *'guwl'* que significa: girar, dar vueltas, remolinear bajo la influencia de una violenta emoción, estar alegre, gozoso, regocijarse, clamar, exaltar.

Pero quería ahora resaltar sólo el versículo 16:

"Y los salvará en aquel día Jehová su Dios como rebaño de su pueblo; porque como piedras de diadema serán <u>enaltecidos</u> en su tierra."

En la versión en inglés dice:

"Y el Señor su Dios los salvará en aquel día como rebaño de su pueblo; ellos serán como las piedras de una corona, <u>levantados como insignia</u> sobre la tierra."

Lo subrayado es mío para dar énfasis ya que veo aquí que Dios a nosotros nos levanta como banderas.

La palabra insignia es la misma para bandera y en el hebreo es *"nasas"* que significa:

- levantado como insignia - llamativo como señal

- levantar como faro – su luz alcanza hasta lejos,

- brillar desde lejos,

- desplegar – como bandera flameando en el viento.

Qué riqueza de palabras, qué hermosa descripción que se hace de nosotros, Sus hijos, Su rebaño amado: nosotros seremos brillantes, resplandecientes como las piedras preciosas en una corona levantada como bandera flameando en alto sobre la tierra para que seamos vistos por todos.

Día 44
Como príncipe tienes poder

Jacob luchó con un ángel toda la noche pero el ángel no podía con él así que tuvo que 'jugar sucio'.

Génesis 32:27-28

"Y cuando el varón vio que no podía con él, tocó en el sitio del encaje de su muslo, y se descoyuntó el muslo de Jacob mientras con él luchaba. Y dijo: Déjame, porque raya el alba. Y Jacob le respondió: No te dejaré, si no me bendices. Y el varón le dijo: ¿Cuál es tu nombre? Y él respondió: Jacob. Y el varón le dijo: No se dirá más tu nombre Jacob, sino Israel; porque has luchado con Dios y con los hombres, y has vencido."

Jacob era tenaz y no quería soltar el ángel sin tener primero la bendición de Dios. Jacob estaba desesperado – necesitaba de Dios y luchó con todas sus fuerzas para lograr esa bendición, y lo consiguió.

El ángel le cambia su nombre. Esto no era sino algo sumamente importante porque de ahora en más, su persona, identificado por medio del nombre, sería conocido como alguien que se había enfrentado a Dios, un Dios vivo... ¡y había vencido! ¡Lo había logrado! El nuevo nombre le concedía cierta autoridad.

Otra versión de la Biblia lo traduce así: *"Porque como príncipe tienes poder con Dios y los hombres"*.

Esta frase me parece tan grandiosa. Creo que Dios nos dice lo mismo de nosotros cuando lo buscamos con todas nuestras fuerzas y clamamos a Dios. Él nos concede el poder de comunicarnos con Él y nos da favor para con otras personas y nos eleva a un rango de príncipe. Dios nos ha concedido poder, poder de lo Alto, Su poder y podemos lograr grandes cosas en Su Nombre porque ¡nos da lo que pedimos!

Como príncipes podemos venir ante Dios - como personas que tienen autoridad podemos interceder delante de Dios y ser escuchado. Y si Dios nos oye, nos concede nuestras peticiones. Podemos presentarnos delante de su Presencia confiadamente, nos dice Hebreos 4:16; confiadamente porque Dios ya nos ha dado autoridad para tener acceso a Su misma Presencia.

El Señor nos ha dado esa autoridad porque somos Sus hijos y Él desea contestar nuestras peticiones. Esa misma autoridad que Dios nos da hace que tengamos el favor de los hombres.

Día 45

Correr para ganar

"¿No saben que en una carrera todos los corredores compiten, pero sólo uno obtiene el premio? Corran, pues, de tal modo que lo obtengan....Así que no corro como quien no tiene meta...."

"...esforzándome por alcanzar lo que está delante, sigo avanzando hacia la meta para ganar el premio que Dios ofrece...."

"...despojémonos de cualquier cosa que nos reste agilidad o nos detenga, especialmente de esos pecados que con tanta facilidad se nos enredan en los pies y nos hacen caer, y corramos con perseverancia la carrera que Dios nos ha permitido competir. Mantengamos fijos los ojos en Jesús."

(I Corintios 9:24, 25; Filipenses 3:13,14; Hebreos12:1, 2)

1 Corintios 9:24-25

"Ustedes saben que, en una carrera, no todos ganan el premio, sino uno solo. Pues nuestra vida como seguidores de Cristo es como una carrera, así que vivamos bien para llevarnos el premio. Los que se preparan para competir en un deporte, dejan de hacer todo lo que pueda perjudicarlos. ¡Y lo hacen para ganarse un premio que no dura mucho! Nosotros, en cambio, lo hacemos para recibir un premio que dura para siempre." (TLA)

Filipenses 3:13, 14

"Hermanos, yo sé muy bien que todavía no he alcanzado la meta; pero he decidido no fijarme en lo que ya he recorrido, sino que ahora me concentro en lo que me falta por recorrer. Así que sigo adelante, hacia la meta, para llevarme el premio que Dios nos llama a recibir por medio de Jesucristo." (TLA)

Hebreos 12:1, 2

"¡Todas esas personas están a nuestro alrededor como testigos! Por eso debemos dejar de lado el pecado que es un estorbo, pues la vida es una carrera que exige resistencia.

Pongamos toda nuestra atención en Jesús, pues de él viene nuestra confianza, y es él quien hace que confiemos cada vez más y mejor. Jesús soportó la vergüenza de morir clavado en una cruz porque sabía que, después de tanto sufrimiento, sería muy feliz. Y ahora se ha sentado a la derecha del trono de Dios." (VP)

Conozco muy pocas personas en las cuales veo que hayan tomado la vida en Jesús como una carrera y que se esmeren por llegar primero. Estos tienen su mirada sólo en Jesús y así con la cabeza en alto son invencibles en cada situación por el poder de Su Señor. Pero la mayoría de los cristianos se contentan simplemente por estar en la carrera pero no les interesa ganar ningún premio y menos esforzarse para ser el primero. Su mirada no está por delante sino en ellos mismos y su vida es abrumada por sus problemas y situaciones.

¿Por qué Pablo habrá comparado la vida cristiana con una

carrera? ¿Estás consciente de que hay un premio por ganar? ¿Dónde estás tú en la carrera? ¿Podrás decir con Pablo que "....*olvidando el pasado y con la mirada fija en lo que está por delante, me esfuerzo hasta lo último por llegar a la meta y recibir el premio*"? (Filipenses 3:13,14. VP)

Día 46
La carrera en Jesús no es fácil

"Para ganar en una competencia uno tiene que abstenerse de cualquier cosa que le impida estar en las mejores condiciones físicas. Sin embargo, un atleta se esfuerza por ganar una simple cinta azul o una copa de plata, mientras que nosotros nos esforzamos por obtener un premio que jamás desvanecerá. Por lo tanto, corro hacia la meta con un propósito en cada paso. Peleo para ganar, no como los que en la contienda juguetean. Como atleta, me golpeo el cuerpo, lo trato con rigor, para que aprenda a hacer lo que debe, no lo que quiere." Filipenses 3:25-27 (VP)

Es difícil porque hay que vivir al revés - hacer lo que no me apetece, y no hacer lo que me atrae, ir en contra de la corriente y parecer un loco o estúpido.

El atleta se disciplina duramente, día tras día, largas horas y durante años para lograr ese premio tan deseado que ganará un día– pero luego ese día pasa. El momento de gloria, al recibir el premio, ya pasó. Pero nuestro premio es eterno y no tendrá fin, y demandará el mismo esfuerzo. No se permite desviar la mirada para no caer en trampas que nos demoren y nos saquen de la pista - ¡pero no hay premio semejante!

Sacúdete de todo lo que te detiene y comprométete a dar tu 100% a tu Señor desde hoy. Él no merece menos. Tu vida es única y a Él le hace falta.

Muchos se detienen en la carrera porque en vez de mirar

hacia adelante están mirando hacia atrás. Su pasado les afecta tanto el presente que no pueden soltarlo y ser libre para mirar hacia el futuro con fe.

Filipenses 3:13

"...pero una cosa hago: olvidando lo que queda atrás y esforzándome hacia la meta..."

Pero fíjate bien lo que dice Pablo en este versículo. Él, más que otros, tuvo que aprender esta verdad. Sobre su consciencia pesaba la muerte de muchísimas personas por su culpa porque él mismo había dado la orden de muerte. Pero tuvo que aprender que si iba a ser eficaz en las manos de Dios y cumplir la tarea asignada por Dios, debía tratar este remordimiento y todo lo demás y perdonarse a sí mismo como Dios le había perdonado.

Dios tiene un plan para tu vida y ese plan involucra que corras una carrera y la carrera es hacia adelante. No puedes correr hacia atrás – ese no es el plan de Dios. Todo lo que te impida ir hacia delante debe quedar atrás.

Hay muchas cosas que pueden ser de tropiezo y que no avances. Puede ser tu propio pecado, el pecado de otros, la falta de perdón, una injusticia, tu falta de autoestima, tus fracasos, tus inseguridades etc. etc. Pero tú tienes poder y autoridad de mirar a cada una de esas cosas y deliberadamente ponerlas detrás de ti y tomar la resolución de que no te van a afectar y vas a ir hacia delante de ahora en más. La decisión es tuya. El Padre no te obligará. Tú decides.

El Padre ya te dio todas las armas para lograrlo (*"todo poder y autoridad me ha sido dado"*, Lucas 9:1)

Día 47
Nuestra fuerza está en el gozo

Nehemías 8:10

"¡No se desalienten ni entristezcan, porque el gozo del Señor es su fuerza!" (NTV)

Dios instituyó siete fiestas anuales para Sus hijos para que pudieran reunirse con alegría y gozo cuando recordaban a su Dios - fiestas donde podían comer juntos como familia, donde podían examinarse y evaluar sus vidas y arrepentirse y acercarse a Dios, pero también gozarse y sacar sus panderos e instrumentos y danzar delante de Él.

El Padre se goza cuando Sus hijos se reúnen y se goza más aún cuando Sus hijos se reúnen para expresar gozo por amor al Padre. Él sabe que sufrimos y lloramos y padecemos tantas cosas aquí en este mundo lleno de maldad. Por eso nos ha dado una llave para sacarnos momentáneamente de este sufrimiento y hacernos sentir de antemano la atmósfera del cielo. Lo obtenemos cuando le alabamos y nos gozamos en Él. Es algo tan fácil – pero no todos lo entienden – y el enemigo se encarga de esconder estas verdades y poner pensamientos erróneos y negativos en nuestra mente.

Sólo en Dios está nuestra verdadera felicidad y gozo y satisfacción en la vida.

Deleitémonos en Dios y de saber que es grande nuestra salvación. Pensemos en las cosas eternas y expresemos nuestro agradecimiento a Él. Te levantarás con nuevas fuerzas. Tendrás la fuerza para seguir adelante.

Día 48
Purificados por Dios

Malaquías 3:2,3.

"¿Y quién podrá soportar el tiempo de su venida? ¿O quién podrá estar en pie cuando él se manifieste? Porque él es como fuego purificador (afinador), y como jabón de lavadores, Y se sentará para afinar y limpiar (purificar) la plata; porque limpiará a los hijos de Leví, los afinará como a oro y como a plata, y traerán a Jehová ofrenda en justicia (pureza)."

La version La Palabra lo expresa de esta manera:

"¿Quién podrá soportar el día de su llegada? ¿Quién podrá mantenerse en pie el día en que aparezca? Porque él es como el fuego del fundidor y como la lejía de los que lavan. Será como un fundidor que refina la plata: purificará a los descendientes de Leví; los acrisolará como a oro y plata para que puedan presentar al Señor ofrendas legítimas." (BLP)

"Purificará los hijos de Leví y los afinará como a oro y plata." Malaquías 3:3 (NVI)

Los levitas son los ministros de Dios que se encargan de todo lo referente al templo y al servicio y la ministración a Dios. Aunque todos los creyentes somos llamados a ofrecer sacrificios espirituales ante Dios (Romanos12:1) creo que este versículo se aplica en particular a los que aceptan el liderazgo dentro del Cuerpo de Cristo. Dios va a elevar la temperatura sobre los pastores, los líderes, los que quieren hacer una diferencia en el mundo en estos tiempos finales.

El resultado, sin embargo será maravilloso, pues después de estar en el fuego de Dios se levantará una compañía de líderes que ofrecerán al Señor *"una ofrenda en justicia"*, una ofrenda pura, sin mancha. En vez de amar sus obras, amarán más al Señor. En vez de obtener satisfacción en sus ministerios, encontrarán satisfacción al ofrecerse ellos mismos, en pureza a Dios en adoración.

Estos siervos serán los utensilios de oro de II Timoteo 2:21, 22 *"un utensilio para honra, santificado y útil al Maestro y preparado para toda buena obra."*

Dios es un afinador. Hay varios versículos que describen a Dios como refinador de nuestro corazón, así como el herrero refina el oro o la plata en el horno. Veamos algunos:

"Porque tú nos probaste, oh Dios; nos ensayaste (afinaste, purificaste) como se afina la plata." Salmo 66:10

"He aquí te he purificado (afinado), y no como a plata; te he escogido en horno de aflicción." Isaías 48:10

"Y meteré en el fuego a la tercera parte, y los fundiré (afinar) como se funde la plata, y los probaré como se prueba el oro. El invocará mi nombre, y yo le oiré, y diré: Pueblo mío; y él dirá: Jehová es mi Dios." Zacarías 14:9

Dios es fuego Santo, y Él quema toda impureza en nuestras vidas para que podamos presentarnos delante de Su presencia completamente purificados.

Si deseas servir a Dios de corazón no te podrás escapar del

fuego de Dios. Es necesario que pases por el fuego porque allí Él te moldea y te disciplina para que seas útil en Sus manos.

Si no pasas por el fuego y la purificación, te mantendrás arrogante y tu ofrenda no será aceptada. Hay muchos que sirven y hacen cosas para Dios pero es hojarasca porque hacen lo que ellos mismos desean hacer y lo que les promueve a ellos mismos sin tener una genuina motivación. Son movidos por razones equivocados.

Dice Malaquías que *"Él se sentará"* para afinar y limpiarnos. Eso me habla de tiempo: tiene tiempo para sentarse. Él no tiene prisa y este trabajo de purificación llevará su tiempo – no se completa en apenas unos días. Seguramente llevará más tiempo de lo que imagino o quiero. No es algo que sucederá de la noche a la mañana. El Padre es paciente y esperará el tiempo necesario para que ese proceso sea completo.

Día 49
El fuego purificador de Dios

Jeremías 23:29

"La misma palabra que procede de Su boca es en sí misma una llama viviente que arde hasta que cumple completamente el propósito por la cual Dios la envió."

La imagen presentada en este versículo es la de Dios levantándonos con Sus pinzas, metiéndonos en Su horno de fuego, esperando hasta que estemos a rojo vivo, sacándonos, poniéndonos sobre Su yunque, y luego martillándonos para darnos forma. Tal metáfora tan vívida lleva implicancias gráficas para nosotros que incluyen el dolor, falta de control, una presión intensa y un cambio violento.

El fuego purificador de Dios no es nada agradable, más bien todo lo contrario. Pero el resultado es una *"ofrenda en justicia"* (Malaquías 3:3) - una ofrenda agradable a Dios y aceptada por Dios porque Él se mueve en la justicia y lo que es justo y recto.

Dios quiere sacar lo mejor de nosotros. Él sabe que debajo de la escoria y la roca dura hay una piedra preciosa. Dios no es mediocre y no se conforma con lo impuro - Él quiere llegar a esa piedra preciosa aunque lleve tiempo y por eso Él está dispuesto a trabajar en nuestras vidas para hacer de nosotros algo de gran valor. Debemos soportar ser afinados y purificados en ese horno de gran fuego pero ¡saldremos como el oro!

Día 50
La novia guerrera

Cantar de los Cantares 6:4

"Eres bella, amiga mía, como Tirsa, atractiva como Jerusalén, imponente como nube de banderas." (BLP)

La Nueva Traducción viviente lo traduce así:

"Eres hermosa, amada mía, como la bella ciudad de Tirsa. Sí, eres tan hermosa como Jerusalén, tan majestuosa como un ejército con sus estandartes desplegados al viento."

Y nuevamente en versículo 10 leemos algo parecido.

"¿Quién es esa que surge como el alba, bella como la luna, radiante como el sol, e imponente como ejército con las banderas desplegadas?" (BLP)

Y en la Reina Valera lo leemos de esta manera:

"¿Quién es ésta que se muestra como el alba, Hermosa como la luna, esclarecida como el sol, imponente como ejércitos en orden?"

Es curiosa esta descripción de la amada del novio en términos tan opuestos.

Podemos entender claramente que su amada es bella y compararla con la bella ciudad de Tirsa (una ciudad de la zona montañosa de Samaria ubicada al noreste de Siquem). Más aún si se compara Su amada con la gran ciudad de Jerusalén. Y también podemos entender cuando compara Su amada a la belleza del alba y a la luna y el sol. Pero nos es algo extraño que también describa Su amada portando la majestad de un ejército con sus banderas desplegadas al viento. Su amada es Su novia que incluye cada hombre y cada mujer que vive por Jesús, su Salvador. Su novia es la iglesia.

Visualiza un ejército inmenso con sus banderas flameando en alto al viento. La versión Reina Valera dice que es un espectáculo "imponente". Las banderas son imponentes y, sin palabras, emiten un mensaje – el mensaje de identificación. Cuando tú ves una bandera en alto, inmediatamente distingues de qué país proviene o de qué equipo de fútbol se trata etc.

Nosotros como hijos de Dios llevamos la bandera de nuestro Rey y Salvador...la debemos flamear en alto para que todos la vean y sepan inmediatamente de donde provenimos y de quién somos. Tenemos la identidad de Cristo.

Un 'ejército en orden' es un ejército listo para la batalla. Nuestro Amado nos ve como una novia hermosa y deseable pero también nos ve como guerrera lista para hacer guerra contra el enemigo. Y sabemos que tenemos una constante lucha con el enemigo. Por eso Timoteo nos habla de que somos soldados y Pablo en su carta a los Efesios detalla las armas que debemos usar como protección.

Cuando se levantan las banderas en nuestras reuniones son imponentes y el enemigo tiembla porque sabe que el que tiene fe para levantar una bandera es un cristiano firme y constante y con fe. Cuando levantamos banderas no solamente estamos exaltando a Dios y celebrando Su victoria eterna sino que también estamos haciendo guerra y pisoteando al enemigo y aplastándolo donde merece estar.

No desprecies las cosas simples porque son las cosas simples que Dios usa para lograr grandes cosas. Una bandera es una cosa sencilla – un mero palo con un trozo de tela. Su grandeza está en que hasta los niños pueden levantarlas y así lo sencillo se hace magnífico. Y nuestra fe las hace tan eficaces para hacer huir al enemigo destructor.

EL CIELO

Día 51
Festejo en el cielo

Apocalipsis 19:7

"Alegrémonos, llenémonos de gozo y alabémoslo, porque ha llegado el día de la boda del Cordero. Ya está lista su esposa, la cual es la iglesia." (TLA)

La palabra griega original por *"llenémonos de gozo"* en este versículo también es *'agalliao'* que significa alegría excesiva, saltar de alegría. Las bodas del Cordero será un momento de sumo gozo donde se expresará esa alegría, ese gozo y habrá un regocijo excesivo con mucho movimiento, muchos saltos.

Imagínate un acontecimiento aquí en la tierra que produce mucha alegría...sale campeón el equipo de fútbol nacional – salen todos a la calle a festejar y se festeja de muchísimas maneras porque no se pueden quedar quietos ni mudos. Se celebra a lo grande.

¿Cómo festejarías si ganaras de repente un millón de dólares? ¿Saltarías? ¿Gritarías? ¿Llorarías? ¿Danzarías? Tendrías una fuerte reacción, ¿verdad? Porque es una noticia muy grande y más allá de lo que jamás hubieras imaginado. Pues, más aún será el festejo en el cielo por la celebración de nuestra salvación. Por eso digo que habrá mucho movimiento y muchos saltos de alegría y mucha danza – porque lo dice la Palabra.

Día 52
Banderas en el cielo

Apocalipsis 7:9

"Después de esto miré, y he aquí una gran multitud, la cual nadie podía contar, de todas naciones y tribus y pueblos y lenguas, que estaban delante del trono y en la presencia del Cordero, vestidos de ropas blancas, y con palmas en las manos."

Me llamó mucha la atención que esta gran multitud, que somos nosotros, los hijos de Dios, estuviéramos delante del trono, en la presencia de Jesús, adorando a Dios y ¿con palmas en las manos? En un acontecimiento tan importante, tan singular nosotros estamos de pie con algo tan terrenal como palmas en las manos.

Miremos un poco más de este pasaje tan maravilloso acerca de nuestro futuro. Juan tiene una visión de un acontecimiento futuro en el cielo. Intenta visualizar la grandiosidad de este momento. Los versículos siguientes dicen:

"Después de esto miré, y he aquí una gran multitud, la cual nadie podía contar, de todas naciones y tribus y pueblos y lenguas, que estaban delante del trono y en la presencia del Cordero, vestidos de ropas blancas, y con palmas en las manos; y clamaban a gran voz, diciendo: La salvación pertenece a nuestro Dios que está sentado en el trono, y al Cordero. Y todos los ángeles estaban en pie alrededor del trono, y de los ancianos y de los cuatro seres vivientes; y se postraron sobre sus rostros delante

del trono, y adoraron a Dios, diciendo: Amén. La bendición y la gloria y la sabiduría y la acción de gracias y la honra y el poder y la fortaleza, sean a nuestro Dios por los siglos de los siglos. Amén." (Apocalipsis7:9-12)

Esta multitud de personas, tantas que no se podían contar, están clamando en voz alta, agradecidos a Dios por su salvación. Están en el mismo lugar de Dios, delante de Su trono, rodeado de todos los ángeles y también los ancianos que se postran en adoración. Es un momento solemne, poderoso, único. ¿Por qué tenemos en la mano algo tan común y cotidiano como palmeras? ¡Estamos delante de nuestro Dios! ¡Por fin ha llegado el momento! ¿No había algo mejor que pudiéramos tener al presentarnos ante nuestro Creador? Recuerdo otro versículo:

Salmos 20:5

"Nosotros nos alegraremos en tu salvación, y alzaremos pendón en el nombre de nuestro Dios."

Otra versión lo expresa así: *"Nosotros cantaremos con gozo por tu victoria, y en el nombre de nuestro Dios alzaremos bandera."* (LBLA)

Dice aquí que levantaremos bandera (pendón) en celebración por la salvación o victoria. Este versículo me recuerda la escena en el cielo. El versículo de Salmo 20 me dice que cuando queremos celebrar, levantaremos banderas.

Día 53
Levantando banderas en el cielo

Apocalipsis 7:9

"Después de esto miré, y he aquí una gran multitud, la cual nadie podía contar, de todas naciones y tribus y pueblos y lenguas, que estaban delante del trono y en la presencia del Cordero, vestidos de ropas blancas, y con palmas en las manos."

Las banderas en alto son señal de victoria y de celebración y de gozo y triunfo. Pero en el acontecimiento en el cielo relatado en este versículo de Apocalipsis no vemos banderas sino palmas. Veamos

Juan 12:12, 13

"El siguiente día, grandes multitudes que habían venido a la fiesta, al oír que Jesús venía a Jerusalén, tomaron ramas de palmera y salieron a recibirle, y clamaban: ¡Hosanna! ¡Bendito el que viene en el nombre del Señor, el Rey de Israel!"

¿Recuerdas este pasaje sobre la entrada triunfal de Jesús en Jerusalén cuando entra aclamado como un rey? Las personas lo aclamaban con ramas de palmeras porque era lo que tenían a mano. Esas ramas reemplazaban las banderas de victoria y de salvación.

¡Esas son las palmeras que llevaremos en el cielo delante del Trono!

¿Por qué en el cielo llevaremos palmeras y no banderas?

No tengo respuesta segura – tal vez porque justamente recuerda la entrada triunfal terrenal de Jesús. Lo que sí entiendo es que las palmas reemplazan las banderas y llevar algo en la mano es importante y significativo. Todo en el cielo es significativo. Por alguna razón llevaremos palmas en las manos. Si no fuera importante, entonces no llevaríamos nada. ¡Y estas palmas, que son banderas son de suma importancia! Las palmas igual que las banderas se llevan para alzar y levantar en alto para aclamar y celebrar y glorificar. ¡Son más efectivas que nuestras manos! ¡En el cielo celebraremos siempre el triunfo de Cristo!

Otra vez vemos que Dios usa las cosas sencillas y simples para darle un significado profundo. No hay nadie que no pueda exaltar a Dios de esta manera.

El pandero salió del corazón de Dios en el cielo. ¡Las banderas nos esperan en el cielo para festejar la mayor fiesta de todos los tiempos!

GLORIA

Día 54

La tierra será llena del conocimiento de la gloria de Dios

Habacuc 2:14

"Porque la tierra será llena del conocimiento de la gloria de Jehová, como las aguas cubren el mar."

Estamos acercándonos a los días cuando todo el mundo será lleno del conocimiento de la gloria de Dios. Este acontecimiento se refiere a los últimos días y ya, casi, casi estamos en esos días. En todo el mundo se habla de esta gloria que estamos a punto de ver y experimentar. Dios está revelando esta verdad a Sus hijos en todas partes de la tierra.

No entendemos plenamente cómo esto será. Se podría decir de que Dios es Santo y no puede tener parte donde hay pecado y por lo tanto Su gloria se reflejaría solo a través de los que caminan en santidad. Pero Habacuc dice que Su gloria cubrirá todo como el mar cubre todo. Esto me habla de que Su gloria llegará a ser tan pesada que también cubrirá a los que no lo conocen.

¿Qué es la gloria? La gloria de Dios es la presencia de Dios manifiesta. La gloria de Dios es Dios mismo.

Adán disfrutó de la presencia de Dios pero cuando pecó, el resultado fue que toda la humanidad fuese destituida, separada, de la gloria de Dios, según Romanos 3:23. Nuestro pecado impide que resistamos esa gloria de Dios porque moriríamos. En el Antiguo Testamento había un valiente, el sumo sacerdote, que una vez al año se le permitía entrar a esa gloria en representación de todo el pueblo.

No importa si no entiendes todo lo que involucra la gloria, el cómo, el cuándo. Pídele a Dios y que sea Él quien te lo revele.

Día 55
En busca de la gloria de Dios

Nuestra alabanza y la adoración a Dios tienen dos propósitos primordiales.

Primero, es para glorificar a Dios y en segundo lugar para entrar en Su presencia. ¿Hay algo más maravilloso que entrar en la presencia de Dios? La definición de presencia es 'estar a la vista o al alcance para llamar, estar en compañía de, asistencia personal'.

Quiere decir: estar a Sus pies y adorar, estar abrumado con Su amor. Al fin y al cabo, fuimos creados para tener comunión con el Padre.

La palabra hebrea 'K'vod' se traduce 'chabod' o 'kabod' y significa peso o pesado. 'Gloria' es la definición que le damos generalmente a esa palabra pero también significa "honor, poder, dignidad, autoridad, esplendor y magnificencia".

La raíz de la palabra 'K'vod' viene de una palabra que significa "ser pesado, ser glorioso, ser honorable". Cuando oramos y alabamos al Señor pidiendo que Su Gloria y Su presencia moren en nuestro medio, estamos pidiendo que Su presencia, Su magnificencia, Su esplendor, Su poder sea manifiesta entre nosotros.

En Éxodo 29:43-45 Dios dice:

"Y me encontraré allí con los hijos de Israel, y el lugar será santificado por mi gloria. Santificaré la tienda de reunión y el altar; también santificaré a Aarón y a sus

hijos para que me sirvan como sacerdotes. Y habitaré entre los hijos de Israel, y seré su Dios".

En estas Escrituras el Señor dice que Su tabernáculo será consagrado por Su gloria; que Él mismo morará en ella y la santificará por Su presencia.

<u>Nosotros</u> hemos llegado a ser el tabernáculo – el templo de Dios. <u>Nosotros</u> somos Sus hijos e hijas y hemos asumido el oficio del sacerdote. <u>Nosotros</u> somos la Esposa de Cristo. Él desea morar en nosotros, en cada uno de nosotros; para santificarnos y consagrarnos por Su presencia.

Haz una pausa y medita sobre eso. ¿No te parece algo grandioso? Dios nos ama y nada le da más deleite que nosotros pasemos tiempo con Él. Aprendamos a apartar tiempo y a pasar tiempo con Él, nuestro amante Padre, y entrar en Su presencia. Al hacerlo nuestras vidas cambiarán para siempre.

Día 56

Anhelar la gloria

Hay ciertas cualidades que deben caracterizar a la persona que busca reflejar la gloria de Dios. No es que la persona sea perfecta, sino que desea la perfección, anhela vivir en santidad.

Esa persona debe tener:

- humildad

- una actitud de arrepentimiento siempre

- gratitud

- intimidad con el Señor

- y debe vivir anhelando la venida de Jesús.

Esa persona debe prepararse para Su venida. Debe desear más de Su gloria y de Su Persona. La gloria viene a los que la esperan y la anhelan...a los que sienten que morirán si no la tienen.

Día 57
Moisés pidió ver la gloria de Dios

La gloria viene a los que la esperan y la anhelan...a los que sienten que morirán si no la tienen.

Éxodo 33:18

"Te ruego que me muestres tu gloria".

Moisés era una persona que anhelaba a Dios con todo su ser. No se conformaba con lo que ya había recibido – quería más.

De joven, Moisés sabía que era hebreo y tenía la revelación – aunque borrosa - de que daría libertad a su pueblo de la esclavitud. Moisés no tenía la Biblia por la cual conocer a Dios pero tenía una revelación interna de su existencia. Pasaron los años y Dios se revela a sí mismo a Moisés en forma de un arbusto ardiente. Moisés también conversa con este Dios vivo y accede a volver a la corte de Faraón.

Moisés vivió experiencias insólitas, como ningún otro, donde vio el infinito poder de este Dios todopoderoso – no sólo en las diez plagas sobre Egipto sino también al abrirse el Mar Rojo y la experiencia en el Monte Sinaí y además, cuando Dios se revela al pueblo para entregarles los mandamientos.

Moisés había visto a Dios, había oído a Dios, lo había sentido y hasta le hablaba cara a cara.

Éxodo 33:11

"Y hablaba Jehová a Moisés cara a cara, como habla cualquiera a su compañero."

Y en el versículo 14 Dios le promete que Su presencia iría con él.

Para cualquier otro esto sería suficiente pero para Moisés no lo era y quería aún más de Dios y pide ver su gloria. Con seguridad que Moisés sentía que moriría si no tenía más de Dios.

A ese punto Dios quiere traernos – que lo deseemos a Él, por lo que Él es, sobre cualquier otra cosa. Dios nos desea tanto, (Santiago 4:5) y le encanta que nosotros le deseemos de la misma manera.

Hay personas que quieren más de Dios y piden, imploran, pero no pasa nada porque Dios no puede dar más porque la 'casa' ya está ocupada por otro. Mi vida tiene que estar rendida a Él cien por ciento.

Mi vida debe traer gloria al Padre. Lo opuesto sería traerle vergüenza. Esto se logra viviendo con el propósito de agradar al Padre, hacer las cosas que le agradan y no hacer aquellas que sabemos que le entristecen.

Día 58
Recibir al Rey de Gloria

Hoy día Dios está haciendo algo tremendo: se está moviendo en todo el mundo, preparando Su pueblo para la revelación mayor de Su gloria y lo que sí nos toca hacer es reconocer este mover de Dios y prepararnos. Prepararnos para la venida de Cristo no significa actuar cautelosamente haciendo lo menos posible sino que exige la clase de servicio que produce resultados – exige pasión.

¿Cómo nos preparamos? O, ¿cómo nos estamos preparando?

La gloria de Dios - la Presencia de Dios se mueve en la santidad. Tu estilo de vida hará que la gloria de Dios se refleje en ti.

Sabemos que Jesús ha de volver muy pronto y en este tiempo Dios nos está enseñando cómo quiere que recibamos a Su Hijo.

Si supieras que viene Jesús 'en vivo' el domingo que viene, ¿no prepararías una gran fiesta? Imagínatelo. Se decoraría el salón y hasta se lo pintaría si fuese necesario. Todo debe estar limpio y reluciente. Se pondrían los mejores adornos y se embellecería con muchas flores bellas y plantas...y más aún. Con certeza que le prepararíamos el recibimiento más grande que pudiéramos.

Bueno, eso es lo que estamos haciendo con nuestra música y nuestros instrumentos de alabanza: nos estamos preparando para la <u>gran fiesta</u> cuando Jesús <u>realmente</u>

esté en medio nuestro en persona – y no falta mucho.

Cuando Jesús caminó sobre la tierra Sus últimos días fueron horrendos siendo despreciado, vituperado, escupido, azotado, herido y mucho más. Hoy día tenemos la oportunidad de vindicar a nuestro amado Señor y darle la honra que merece. ¡Jesucristo, nuestro Salvador es Rey del Universo! Piensa la manera que se honran a los reyes en la tierra. Nuestro Señor merece infinitamente más. Por ese motivo piensa de qué manera puedes expresar la grandeza de Aquel que murió por ti.

Nuestras alabanzas declaran la grandeza de nuestro Rey. Nuestro cuerpo, todo nuestro ser se humilla y se postra delante de Él. Y levantamos Su Nombre con todo lo que tenemos a mano e intentamos hacerlo de forma exagerada y extravagante para enfatizar Su majestad: con gran colorido y destellos de color oro y plata. Con ese fin levantamos las mejores banderas y estandartes, para vindicar a nuestro gran Señor y Rey. ¡Quién como nuestro Señor Jesucristo!

Día 59

En la gloria de Dios, siempre hay más

Salmo 16:11 dice *"En tu presencia hay plenitud de gozo, delicias a tu diestra para siempre."*

Donde está Dios hay gozo, pero mucho gozo, muchísimo gozo, plenitud de gozo y en este tiempo Dios nos ha estado mostrando cómo es Su gozo, cómo es la plenitud de gozo. Su presencia trae gozo y gozo a la máxima potencia.

Hemos aprendido cómo alabarlo y adorarlo en verdad. También hemos aprendido la enseñanza bíblica sobre el uso de las artes creativas y la danza. Dios nos está revelando cómo le gusta a Él que recibamos a Su Hijo. ¿Por qué no hacerlo a Su manera? Aceptemos los cambios, no pongamos resistencia a cosas nuevas. Fluyamos con el mover de Dios para que nos lleve a Su gloria.

En la Gloria, siempre hay más, nunca tendremos todo mientras estamos en la tierra. Si queremos ese 'más' tenemos que estar dispuestos a soltar lo viejo y tomar lo nuevo; soltar lo familiar y arriesgarse con lo desconocido y lo nuevo.

Dios está en constante movimiento y renovación. El nunca cae en la rutina, siempre está en algo nuevo. No hagamos el error de caer en la rutina.

Debemos mirar hacia adelante y aguardar lo nuevo que nos mostrará el Señor.

Ayer ya pasó, hoy es un nuevo Día y se necesita una nueva

manera de obrar. Estemos sensibles a esos cambios en el Espíritu para movernos junto con el Señor y no ser tropiezo para lo que Él quiere lograr.

Día 60

Una preparación en nuestro corazón

Apocalipsis 22:17

"Y el Espíritu y la Esposa dicen: Ven. Y él que oye, diga: Ven."

El Espíritu anhela el día que regrese Jesús. Y nosotros, la Esposa, también anhelamos ese gran día. Hay un clamor en nuestro ser: '¡Ven, Señor Jesús!'

El Señor vendrá y Su gloria llenará toda la tierra.

Hablamos de prepararnos para ese gran acontecimiento que está a punto de ser realidad. No olvides el factor importante que trae la gloria, y es el <u>anhelarlo</u> - tener un fuerte deseo de querer más, de no entender mucho de lo que se trata, pero saber que es lo más grande que hay y querer ser parte del mover de Dios para traer Su gloria a toda la tierra.

Debe haber un anhelo en tu corazón por la gloria de Dios. Y Dios va a responder a ese anhelo. Santiago 4:5 dice que el Espíritu nos anhela celosamente. Dios anhela todo de nosotros y Él anhela que nosotros tengamos ese mismo sentir de anhelarlo a Él por sobre todas las cosas y entonces Él puede responder a ese anhelo y darnos cosas preciosas, cosas que antes estaban 'escondidas'.

Decide ahora mismo ser una persona que traerá la gloria de Dios a la tierra. Dios ya ha puesto un anhelo en tu corazón. No te menosprecies y pienses que eres insignificante. Dios está haciendo algo nuevo estos días.

Antes, Él usaba algunas personas ungidas para cumplir Sus propósitos. Pero hoy en día Dios quiere usar <u>toda</u> la congregación para traer Su presencia. Ninguna persona es insignificante en el Reino de Dios y no hay persona que Dios no quiera y no pueda usar, si esa persona está dispuesta.

¡Qué grandioso! Dios desea usar al más pequeño, al que piensa que no puede hacer nada. Y lo hará en ti, si sólo anhelas más, Él te lo dará.

Sobre la Autora

Diana Baker nació en Buenos Aires, Argentina en 1949 pero se educó en Inglaterra. A la edad de 7 años entregó su vida a Jesús como su Salvador y Señor, lo que cambió el rumbo de su vida para siempre. Vivió dos años en Barcelona, España, antes de volver a Argentina en 1968. Allí estudió en una escuela bíblica durante tres años. En 1984, ya casada y con cuatro hijos, con su esposo, se dedicó al ministerio pastoral en Córdoba, Argentina.

En 2003, con su esposo, se establecieron en Málaga, España, donde comenzaron una nueva labor pastoral, y donde siguen en la actualidad.

Diana descubrió que le gustaba escribir, principalmente para compartir lo que el Señor le había enseñado a través de muchos años de caminar juntos con Él. También ha escrito dos libros para niños incluyendo en ellos algunas verdades bíblicas.

Sé bendecido con su blog y recibe todos los días un devocional en las mismas palabras de la Biblia: www.mensajescristianos.net

Estimado Lector

Nos interesa mucho sus comentarios y opiniones sobre esta obra. Por favor ayúdenos comentando sobre este libro. Puede hacerlo dejando una reseña en la tienda donde lo ha adquirido.

Puede también escribirnos por correo electrónico a la dirección info@editorialimagen.com

Si desea más libros como éste puedes visitar el sitio de **Editorialimagen.com** para ver los nuevos títulos disponibles y aprovechar los descuentos y precios especiales que publicamos cada semana.

Allí mismo puede contactarnos directamente si tiene dudas, preguntas o cualquier sugerencia. ¡Esperamos saber de usted!

Más Libros de Interés

Ángeles en la Tierra - Historias reales de personas que han tenido experiencias sobrenaturales con un ángel

Este libro no pretende ser un estudio bíblico exhaustivo de los ángeles según la Biblia – hay muchos libros que tratan ese tema. Los ángeles son tan reales y la mayoría de las personas han tenido por lo menos una experiencia sobrenatural o inexplicable. En este libro de ángeles comparto mi experiencia, como así también la de muchas otras personas.

Dios está en Control - Descubre cómo librarte de tus temores y disfrutar la paz de Dios

En este libro, el pastor Jorge Lozano, quien nació en México y vive en Argentina desde hace más de 20 años, nos enseña cómo librarnos de los temores para que podamos experimentar la paz de Dios.

La Ley Dietética - La clave de Dios para la salud y la felicidad

Es hora de que rompamos la miserable barrera nutricional y empecemos a disfrutar de la buena salud y el bienestar que Dios quiere que tengamos. Al leer este libro descubrirás los fundamentos para edificar un cuerpo fuerte y sano que dure mucho tiempo.

Gracia para Vivir - Descubre cómo vivir la vida cristiana y ser parte de los planes de Dios

Martin Field, teólogo del Moore Theological College en Sidney, Australia, nos comparte en este libro sobre la gracia que proviene de Dios. La misma gracia que trae salvación también nos enseña cómo vivir mientras esperamos la venida de Jesús.

Vida Cristiana Victoriosa - Fortalece tu fe para caminar cerca de Dios

En este libro descubrirás cómo vivir la vida victoriosa, Cómo ser amigo de Dios y ganarse Su favor, Lo que hace la diferencia, Cómo te ve Dios, Cómo ser un guerrero de Dios, La grandeza de nuestro Dios, La verdadera adoración, entre muchos otros temas.

Conociendo más a la persona del Espíritu Santo

Este libro sobre la Persona del Espíritu Santo es el relato de un viaje personal. Después de muchos años de ser creyentes el Señor puso una inquietud en mi vida y la de mi esposo - la inquietud por buscar la llenura del Espíritu Santo. Fue un 'viaje' donde aprendimos mucho y en estas páginas comparto esa aventura espiritual.

El Ayuno, una cita con Dios
El poder espiritual y los grandes beneficios del ayuno

Descubre lo que dice la Biblia sobre el ayuno y todos los beneficios que trae realizar un ayuno escogido por Dios. Si estás buscando una unción especial para tu ministerio, tal vez el ayuno es la respuesta que necesitas.

Made in the USA
Coppell, TX
24 February 2020